Jackson da Silva Leal
Jéssica D. C. Jeremias
Felipe Alves Goulart
Felipe de Araújo Chersoni

COVID NAS PRISÕES

APONTAMENTOS CONCRETOS DA PANDEMIA
NOS ESTABELECIMENTOS PRISIONAIS

Copyright © 2022 by Editora Letramento
Copyright © 2022 by Jackson da Silva Leal; Jéssica D. C. Jeremias;
Felipe Alves Goulart; Felipe de Araújo Chersoni

Diretor Editorial | Gustavo Abreu
Diretor Administrativo | Júnior Gaudereto
Diretor Financeiro | Cláudio Macedo
Logística | Vinícius Santiago
Assistente de Marketing | Carol Pires
Assistente Editorial | Matteos Moreno e Sarah Júlia Guerra
Designer Editorial | Gustavo Zeferino e Luís Otávio Ferreira
Ilustração de Capa | Igor Pereira Barros

CONSELHO EDITORIAL JURÍDICO

Alessandra Mara de Freitas Silva
Alexandre Morais da Rosa
Bruno Miragem
Carlos María Cárcova
Cássio Augusto de Barros Brant
Cristian Kiefer da Silva
Cristiane Dupret
Edson Nakata Jr
Georges Abboud
Henderson Fürst

Henrique Garbellini Carnio
Henrique Júdice Magalhães
Leonardo Isaac Yarochewsky
Lucas Moraes Martins
Luiz Fernando do Vale de Almeida Guilherme
Nuno Miguel Branco de Sá Viana Rebelo
Onofre Alves Batista Júnior
Renata de Lima Rodrigues
Salah H. Khaled Jr
Willis Santiago Guerra Filho.

Todos os direitos reservados. Não é permitida a reprodução desta
obra sem aprovação do Grupo Editorial Letramento.

Dados Internacionais de Catalogação na Publicação (CIP) de acordo com ISBD

C873	Covid nas prisões: apontamentos concretos da pandemia nos estabelecimentos prisionais / Jackson da Silva Leal ... [et al.]. - Belo Horizonte, MG : Casa do Direito, 2022. 164 p. ; 15,5cm x 22,5cm.
	ISBN: 978-65-5932-260-2
	1. Direito. 2. Pandemia. 3. Covid. 4. Prisões. 5. Estabelecimentos prisionais. 3. Superior Tribunal de Justiça. I. Título.
2022-3498	CDD 340 CDU 34

Elaborado por Vagner Rodolfo da Silva - CRB-8/9410

Índice para catálogo sistemático:
1. Direito 340
2. Direito 34

Rua Magnólia, 1086 | Bairro Caiçara
Belo Horizonte, Minas Gerais | CEP 30770-020
Telefone 31 3327-5771

CASA DO DIREITO
é o selo jurídico do Grupo
Editorial Letramento

editoraletramento.com.br • contato@editoraletramento.com.br • editoracasadodireito.com

5	**PREFÁCIO: NA TORRENTE DA INSENSATEZ, A PERVERSIDADE DA DOXA DA MORTE**
11	**INTRODUÇÃO GERAL**
15	**CAPÍTULO 1** ⁞⁞⁞⁞⁞⁞⁞⁞⁞⁞⁞⁞⁞⁞⁞⁞⁞⁞⁞⁞⁞⁞ **O TRATAMENTO DISPENSADO ÀS FAMÍLIAS DE DETENTOS NA PANDEMIA DO COVID-19: UM ESTUDO PELA ÓTICA DA ECONOMIA POLÍTICA DA PENA**
17	1. ASPECTOS SOCIOECONÔMICOS DA PANDEMIA DE COVID-19 NO BRASIL
21	2. PERSPECTIVAS FAMILIARES E FEMINISTAS SOBRE O ENCARCERAMENTO
29	3. O AUXÍLIO EMERGENCIAL E FAMÍLIAS DE DETENTOS
34	**CAPÍTULO 2** ⁞⁞⁞⁞⁞⁞⁞⁞⁞⁞⁞⁞⁞⁞⁞⁞⁞⁞⁞⁞⁞⁞ **O UTILITARISMO HUMANISTA E AS INTERDIÇÕES DOS ESTABELECIMENTOS PENAIS: O CASO DE SANTA CATARINA**
36	1. A CONSTRUÇÃO DO DISCURSO HUMANISTA NO SEIO DAS PRISÕES
40	2. AS INTERDIÇÕES JUDICIAIS E A CRIAÇÃO DE FEUDOS PRISIONAIS: "O PROBLEMA NÃO É MEU"
45	3. UMA PERSPECTIVA REDUTORA DE DANOS
50	**CAPÍTULO 3** ⁞⁞⁞⁞⁞⁞⁞⁞⁞⁞⁞⁞⁞⁞⁞⁞⁞⁞⁞⁞⁞⁞ **CONSIDERAÇÕES SOBRE OS IMPACTOS DO VÍRUS NOS SERVIDORES DO SISTEMA PRISIONAL CATARINENSE**
52	1. O CÁRCERE COMO DEPÓSITO DE ESQUECIDOS
56	2. A CARREIRA MODIFICA E A PRISIONALIZAÇÃO CONTINUA
60	3. O AVANÇO DO VÍRUS DEMONSTRA O DINAMISMO DA PRISIONALIZAÇÃO

65 **CAPÍTULO 4**
A PRISÃO QUE MATA ATRAVÉS E PARA ALÉM DA PANDEMIA: FAZER VIVER DEIXAR MORRER – PRISÃO MORTE E PANDEMIA

68 1. UMA SISTEMATIZAÇÃO DE DADOS ENTRE ABRIL DE 2020 A MARÇO DE 2022 – O QUE DIZEM OS NÚMEROS ATÉ AQUI?

82 2. QUEM MORRE NO SISTEMA PRISIONAL? *RAÇA E CLASSE COMO ESTRUTURA DA PENITENCIÁRIA MODERNA*

88 **CAPÍTULO 5**
A PRISÃO COMO PROJETO DE EXPANSÃO ECONÔMICA: VISITAS VIRTUAIS E O SURGIMENTO DE UM NOVO ATIVO ECONÔMICO

89 1. A PRISÃO E O ESTÁGIO DE DESENVOLVIMENTO DAS FORÇAS PRODUTIVAS

94 2. SUBSUNÇÃO VIRTUAL DO TRABALHO AO CAPITAL E A LIBERDADE COMO COMMODITY

114 **CAPÍTULO 6**
PREVENÇÃO OU SEGREGAÇÃO? COVID-19 E A POPULAÇÃO CARCERÁRIA EM SANTA CATARINA

117 1. PUNIÇÃO, VIOLÊNCIA E AS NUANCES DO GRANDE ENCARCERAMENTO

123 2. APORTES GERAIS DO SISTEMA DE JUSTIÇA PENAL E COVID-19: ENTRE O CAOS, INCONSISTÊNCIA DE DADOS E A MILITÂNCIA DOS COLETIVOS. O QUE SE SABE ATÉ AQUI?

128 3. PARA ALÉM DOS LIMITES DA DOR: UMA ANÁLISE DAS PORTARIAS DE ENFRENTAMENTO À PANDEMIA E SEUS REFLEXOS EM SANTA CATARINA E A LUTA DOS COLETIVOS DE FAMILIARES EM BUSCA DE DIREITOS

139 4. MAIS DO MESMO: RECOMENDAÇÃO DO CONSELHO NACIONAL DE JUSTIÇA (CNJ) E SUA INAPLICABILIDADE

143 **CONCLUSÃO**

148 **REFERÊNCIAS BIBLIOGRÁFICAS**

PREFÁCIO: NA TORRENTE DA INSENSATEZ, A PERVERSIDADE DA DOXA DA MORTE

A INSENSATEZ É UM DOS QUATRO TIPOS DE DESGOVERNO[1]. SUA qualificação, como loucura política, deve atender a três critérios: ter sido percebida no seu próprio tempo, e não retrospectivamente; estarem disponíveis cursos viáveis de ações alternativas; e, ser obra política de um grupo, mais coletiva do que meramente o desgoverno ao sabor de um líder absoluto[2].

A doxa, como ensina Pierre Bourdieu, envolve um "conjunto de crenças fundamentais que nem sequer precisam se afirmar sob a forma de um dogma explícito e consciente de si mesmo"[3], ou seja, trata-se de "opiniões e percepções pré-reflexivas compartilhadas, mas não questionadas"[4].

Existe muito de insensatez e doxa na questão penitenciária brasileira.

É de se reconhecer que a expressão "bandido bom é bandido morto" é o explícito ápice de uma doxa nacional que, eufemizada, sustenta que os presos (as pessoas privadas de liberdade pelo direito e política penal) não são sujeitos de direitos e dignidade, estando autorizado que as prisões sejam ambientes nos quais se faz sofrer e se deixa morrer.

Numa perversa insensibilidade social e política, em decorrência da crença num contágio moral, tal doxa é estendida aos familiares das pessoas presas, em relação aos quais o sofrimento e o risco de morte também são aceitos.

O contexto pandêmico decorrente da Covid-19 produziu efeitos de torrente em países como o Brasil.

Tal qual o rápido e impetuoso curso de água, avolumado por uma forte chuva, arrasta consigo tudo o que está ao seu alcance e, não raras vezes, explicita que em seu caminho encontrou a degradação

---

1 TUCHMAN, Barbara W. *A Marcha da insensatez*: de Tróia ao Vietnã. Rio de Janeiro: BestBolso, 2012, p. 13.

2 Idem, p. 13.

3 BOURDIEU, Pierre. *Meditações Pascalianas*. Rio de Janeiro: Bertrand Brasil, 2001, 25.

4 DEER, Cécile. Doxa. *In*: GRENFELL, Michael (cord.). *Pierre Bourdieu*: conceitos fundamentais. Petrópolis: Vozes, 2018, p. 2407 (dispositivo Kindle).

ambiental, o lixo despejado por uma sociedade em desgoverno, no Brasil a pandemia Covid-19 trouxe à evidência não só as mazelas sociais e políticas já conhecidas, mas, também, aquelas que as doxas conservadoras das hierarquias sociais insistem e se esforçam por manter na invisibilidade.

Nas prisões e perante os familiares das pessoas presas o contexto pandêmico se traduziu como uma torrente de insensatez, favorecedor da doxa da morte.

E tal é o contundente conteúdo desta obra, resultado de um esforço acadêmico-científico do Grupo Andradiano de Criminologia, sob a coordenação do Professor Doutor Jackson da Silva Leal, vinculado ao Mestrado em Direito da UNESC (Universidade do Extremo Sul de Santa Catarina).

Na perspectiva e visão de conjunto da obra, é de se destacar a Economia Política da Penalidade como lastro teórico e paradigmático nas reflexões e investigações científica sobre a questão penitenciária (o que já é uma marca do Grupo).

Contudo, não uma Economia Política que se tenha estagnado nos ensinamentos, indubitavelmente valiosos, dos autores já clássicos da relação "punição e estrutura social", mas sim que se atualiza por inserir elementos da contemporânea fase neoliberal na análise e interpretação dos dados decorrentes da investigação científica.

Outra característica da obra está nos textos incluírem contextualizações teórico-reflexivas mais amplas em relação às temáticas de cada capítulo. Por vezes, também referentes a trajetória das questões enfrentadas.

Tendo-se em vista que se trata de livro que deve ser acolhido por um conjunto diversificado de leitores – não só acadêmicos e pesquisadores já experientes na área, mas também gestores de políticas públicas, membros da sociedade civil que atuam em conexão com os ambientes prisionais, universitários iniciantes em relação à questão penitenciária, dentre outros – tal estratégia contribui para que não se caia em armadilhas e mitos, tais quais o de se crer que a na Pandemia Covid-19 as prisões vivenciaram mera crise de um momento excepcional, quando na verdade foram engolidas pela torrente da insensatez, potencializando-se com crueldade as violações de direitos que já são uma regra para encarcerados, familiares e até mesmo servidores penitenciários.

E estes cidadãos brasileiros, estes grupos que se tornam invisíveis para a sociedade mais ampla em face dos muros concretos e simbólicos das prisões (através dos sequestros institucionais), são os principais focos de atenção na sequência de capítulos da obra.

A insensatez e a doxa da morte são inicialmente desnudadas em relação aos familiares das pessoas privadas de liberdade. Os obstáculos enfrentados por estes no acesso ao auxílio emergencial – como analisado no primeiro capítulo – evidencia uma sensibilidade bárbara e cruel em relação aos mesmos.

Questões atinentes a este grupo também se encontram no último capítulo, o qual demonstra não só a manutenção das estratégias de "segredos penitenciários", como também a (in)transparência seletiva em relação aos dados de contágio e mortes por Covid-19.

No Brasil não basta que familiares sejam rotineiramente humilhados(as) através de procedimentos vexatórios nos dias de visita, não basta que sejam sobrecarregados(as) economicamente para fins de prover as populações encarceradas daquilo que o Estado lhes nega ou fornece com negligência (alimentação, produtos de higiene, vestuário etc...). No Brasil é necessário, aproveitando-se do momento de uma grave pandemia, ampliar o fazer sofrer e o deixar morrer em relação aos familiares de encarcerados.

Também os servidores dos sistemas prisionais não escapam dos efeitos colaterais da doxa e da insensatez. São densos os terceiro e quarto capítulos em evidências do quanto se opera um "abandono estatal" nos ambientes prisionais, produzindo-se sobrecargas de trabalho e responsabilidades que recaem nos servidores. Destes, espera-se – como perversidade política – que aceitem "negar suas próprias humanidades" e, igualmente deixados ao sofrer e ao risco de morrer, dinamizem a insensatez de Atos Jurídicos e de Estado pautados pelo aumento da segregação e negligentes quanto ao enfrentamento da violação de direitos.

E "de boas intenções o inferno está cheio"; assim como Zygmunt Bauman já nos alertou que "grandes crimes, frequentemente, partem de grandes idéias", sobretudo quando entre tais ideias "ocupa posição privilegiada a da visão da pureza"[5].

No contexto de enfrentamento da complexidade do período pandêmico da Covid-19 nas prisões, é isto que também revelam as análises do último capítulo, quando confrontam as portarias emitidas pela Secretaria de Administração Prisional e Socioeducativa (SAP) no Estado de Santa Catarina, com as demandas e denúncias trazidas pelos familiares das pessoas em situação de cárcere em protestos no decorrer dos anos de 2020 e 2021.

Num Brasil que mantém suas prisões em estado de coisas inconstitucional desde 1824 – haja vista a realidade nunca ter correspondido sequer ao singelo conteúdo do inciso XXI do artigo 179 da Constituição do Império: "As Cadêas serão seguras, limpas, o bem arejadas, havendo diversas casas para separação dos Réos, conforme suas circunstancias, e natureza dos seus crimes." – a produção de políticas, diretrizes e orientações esbarram nos vícios das incapacidades e insensibilidades históricas. Sob a ilusão e o autoengano das boas intenções, ampliaram-se as violações de direitos, mas se manteve o sonho da pureza, não obstante os riscos da morte.

A insensatez, que se tornou mais explícita no período pandêmico, é, entretanto, frequente e usual na questão penitenciária, como evidenciam os autores ao analisar – no segundo capítulo – as Interdições de Estabelecimentos Penais no Estado de Santa Catarina. Atos jurídicos e de Estado através dos quais mais se joga o problema de um para outro estabelecimento do que se o enfrenta: "[...] não o soluciona. Esconde!"

Cabe, contudo, o desafio de se identificar quando a insensatez se transforma em perversidade. Ou seja, quando cursos viáveis de ações alternativas não são adotados, mesmo quando possíveis, não devido ao desgoverno, mas sim devido às opções de governar através de necropolíticas.

E nesta obra, nesse generoso esforço crítico, científico e acadêmico do Grupo Andradiano de Criminologia (o qual conjuga foco temático com abrangência de dimensões abordadas), encontram-se valiosos

---

[5] BAUMAN, Zygmunt. *O mal-estar da pós-modernidade*. Rio de Janeiro: Zahar, 1998, p. 13.

subsídios para que cada leitor acolha o desafio de identificar os pontos de inflexão da insensatez em perversidade.

Pois, mesmo que nem sempre seja possível escapar das inesperadas torrentes, manter o curso das ações políticas no desgoverno da insensatez é admitir – sobretudo perante a questão penitenciária – doxas que fazem sofrer e morrer, que criam infernos, circundados de ilusórias boas intenções.

Pelotas (desde o Torreão da Laguna), outubro de 2022

LUIZ ANTÔNIO BOGO CHIES
Doutor em Sociologia
Coordenador do GITEP/UCPel
(Grupo Interdisciplinar de Trabalho e Estudos Criminais-Penitenciários da Universidade Católica de Pelotas)

INTRODUÇÃO GERAL

O PRESENTE TRABALHO COMEÇOU A SER GESTADO EM MEIO A PAN-
demia de Covid-19, com pesquisadores do sul de Santa Catarina que tiveram a rotina de trabalhos de grupo profundamente afetada pelas suspensões das atividades presenciais decorrentes das determinações sanitárias do período. Mesmo com essas dificuldades, adaptaram-se ao "novo normal" e deram continuidade aos projetos pessoais e coletivos, sendo este o resultado de tais atividades.

Impactado pelas modificações do momento pandêmico e, assim como toda população mundial, sofrendo as consequências trágicas do período, o grupo se discutiu sobre as transformações e impactos da pandemia no objeto de atenção central de todos que é a questão criminal, e, dentro desta, mais especialmente o fenômeno carcerário em diversas de suas nuances.

Assim, esse livro se forma não como uma conjunção de artigos esparsos, mas como um esforço de pesquisa coletivo de reflexão e experienciamento da realidade prisional, com profissionais que frequentam a realidade carcerária, e que mais que afetados em seus trabalhos, conseguem perceber o aprofundamento do sofrimento dentro da prisão em diversas de suas dimensões.

A partir disto, constata-se que, este período crítico foi marcado também, pela eclosão de diversos movimentos socias/populares a partir de coletivos que lutam contra as injustiças da prisão. O trabalho foca também em tais iniciativas antiprisionais compreendendo que elas são formadas sobretudo, por mães e companheiras de pessoas em cumprimento de pena, sendo assim, não se poderia deixar de lado uma problematização também a partir das teorias crítica de gênero e sexualidade, a partir de diversas feministas, sobretudo negras e latino-americanas.

Nessa linha o presente trabalho se pauta mormente por uma estrutura teórica e epistemológica preponderantemente materialista, da crítica da economia política da penalidade e violência, ainda que se utilizem outras contribuições teóricos que porventura venham a agregar a essa plataforma de luta e acrescentar ferramentas analíticas aptas a contribuir com a compreensão e aprofundamento da temática.

Nesse sentido, a pesquisa buscou dados junto aos organismos oficiais como Departamento de Administração Prisional do Estado de Santa Catarina (DEAP), em nível nacional as orientações do Conselho Nacional de Justiça (CNJ), Fórum brasileiro de Segurança Pública (FBSP), Departamento Penitenciário Nacional (Infopen), assim como dados já consubstanciados em outros trabalhos de coletivos - ONG`s, associações, tais como exemplificativamente o infovirus – que cumpriu importante papel sistematizando o acompanhamento da pandemia no sistema penitenciário.

A partir de uma leitura da economia política da punição, empreende-se uma leitura quanti-qualitativa dos dados e documentos para, a partir deles, chegar à organização de distintas e importantes manifestações e impactos da pandemia no sistema penitenciário, pensando em especial para a realidade catarinense em suas múltiplas dimensões.

Desde a mortalidade da pandemia, pois, pessoas não morreram somente fora das grades, mas também na escuridão das prisões. Nestas últimas, pessoas já morriam há muito, como argumenta Lola Aniyar de Castro que, dada a alta probabilidade de uma pessoa vir a morrer no decorrer do cumprimento da pena de prisão, chamou de "morrer de cárcere". A pandemia, portanto, escancarou o óbvio. Mas a prisão também é uma ameaça para os policiais penais e seu staff prisional, porque, não obstante se quisesse fazer crer que as unidades seriam seguras, vidas de profissionais também foram perdidas neste contexto.

Pensando nesta realidade, para além dos coletivos de familiares de pessoas privadas da liberdade, foram pontuadas também as iniciativas da classe dos trabalhadores do sistema penal, compreendendo o papel importante do movimento sindical, sobretudo aqueles de caráter político mais alinhados a crítica, que por diversas vezes denunciam a invisibilidade do cárcere e seus infinitos limites enquanto instituição.

O trabalho ainda busca demonstrar como a prisão em Santa Catarina e sua burocracia interagiram com as orientações dos órgãos superiores sobre as questões operacionais e sanitárias acerca das interdições, e imposições operacionais de visitas e exigências de segurança.

Também a nuance econômica da pandemia na prisão, visando demonstrar como afetou a realidade econômica das famílias de presos diante da imposição de visitas, das limitações varias, do uso da tecnologia como modo de visita, e os impactos econômicos da pandemia sobre essas famílias já miserabilizadas; e dentro desse contexto, o saldo que fica da prisão neoliberal, que vê capacidade de expansão em toda nova crise, e a pandemia não foi diferente.

Nesse cenário, a prisão mais que nunca se apresenta como um grande canteiro de obras (ou melhor, de investimento), se consolidando ainda mais na pandemia como um ativo econômico formidável, e, portanto, como um investimento e um projeto que se alimenta de crises.

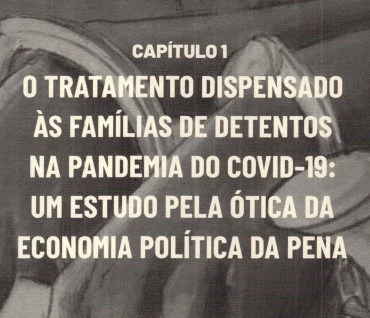

CAPÍTULO 1

O TRATAMENTO DISPENSADO ÀS FAMÍLIAS DE DETENTOS NA PANDEMIA DO COVID-19: UM ESTUDO PELA ÓTICA DA ECONOMIA POLÍTICA DA PENA

NO DIA 14 DE MAIO DE 2020, O JORNAL ESTADÃO (PORTAL DO Estado de São Paulo) noticiou que o governo federal brasileiro não concedeu aos familiares de detentos o auxílio emergencial disponibilizado em razão da pandemia do novo Corona Vírus, no valor de 600 reais.

Segundo o portal de notícias, que obteve acesso ao ofício encaminhado ao Ministério Público Federal pelo Ministério da Cidadania, a empresa que faz o processamento dos dados para a concessão do auxílio admitiu a restrição de acesso às famílias de encarcerados.

Noutro giro, segundo a Dataprev, os requerimentos não foram negados, porém mais de 39 mil pedidos apresentados pelos familiares de detentos ou pelos próprios indivíduos encarcerados irão passar por um "processamento adicional". Em entrevista ao Estadão, o procurador do MPF Júlio Araújo destacou a gravidade da situação, principalmente considerando que a lei não estabelece a restrição operada neste caso (TURTELLI, 2020).

Para além das divergências nas informações prestadas, ora apontando para uma restrição discriminatória no acesso ao auxílio emergencial, ora apontando para um suposto "reprocessamento" dos dados, tem-se imposta a problemática de 39 mil requisições ainda não atendidas.

Com isso, infere-se que milhares de pessoas se encontram desamparadas pelo Estado em um momento de grave crise sanitária provocada pela pandemia do Covid-19.

Desta forma, para além dos riscos já trazidos pela própria doença, da crescente sobrecarga do sistema de saúde e da fragilização das relações de trabalho em decorrência da pandemia, a camada mais empobrecida da sociedade sofre ainda com a discriminação oriunda dos órgãos da administração pública.

Por esta razão, importa investigar possíveis explicações para o acontecimento, bem como analisar as consequências da política pública adotada, principalmente na vida dos que tiveram negado o auxílio.

O presente trabalho apresenta algumas formulações teóricas para a compreensão de possíveis articulações entre a economia política da pena e gênero, a partir de uma análise materialista do sistema de punição.

Buscar-se-á analisar o impacto do encarceramento para a família dos indivíduos detidos, com especial enfoque na situação socioeconômica enfrentada por estas pessoas frente à negativa do auxílio emergencial em decorrência do novo Corona Vírus.

Assim, apresenta-se algumas perspectivas familiares e feministas do encarceramento, a fim de demonstrar que o sistema penal atua sobre a vida das famílias também por meio do controle social sobre seus membros. Com isso, busca-se correlacionar o modo de produção capitalista com o sistema de punição vigente no período neoliberal.

Por fim, parte-se à análise da negativa do auxílio emergencial aos familiares de detentos, sob o marco teórico já demarcado.

1. ASPECTOS SOCIOECONÔMICOS DA PANDEMIA DE COVID-19 NO BRASIL

Em 21 de janeiro de 2020, a Organização Mundial da Saúde (OMS) anunciou que, em 31 de dezembro de 2019, foi notificada acerca da ocorrência de casos de uma pneumonia até então desconhecida. Segundo a nota, de 31 de dezembro de 2019 a 3 de janeiro de 2020, 44 casos desta doença foram detectados na cidade de Wuhan, China (WORLD HEALTH ORGANIZATION, 2020b).

Tratava-se do Novo Corona Vírus. No Brasil, o primeiro caso registrado da doença, segundo dados informados pelo governo federal, data de 04 de março do ano de 2020 (BRASIL, 2020a). Nesta mesma data, o mundo já contava com 93.091 casos confirmados de infecção pelo vírus distribuídos em mais de 70 países, segundo o Situation Report-44 da OMS (WORLD HEALTH ORGANIZATION, 2020c).

O Situation Report-51, datado de 11 de março de 2020, relatou que a situação da Covid-19 é pandêmica (WORLD HEALTH ORGANIZATION, 2020d). O anúncio feito pela direção geral da OMS, na mesma data, declara que esta é a primeira pandemia no mundo vivida por conta do supramencionado vírus (WORLD HEALTH ORGANIZATION, 2020a). Apesar do período de quase três meses até a chegada da doença no Brasil, tempo que poderia ter sido valioso na elaboração de estratégias sanitárias para a contenção das infecções, a postura adotada pelo governo federal nacional foi de negacionismo e irresponsabilidade para com a vida e a saúde de milhões de brasileiros.

Em pronunciamento na data de 24 de março de 2020, o presidente da república Jair Bolsonaro anunciou que "pelo meu histórico de atleta, caso fosse contaminado pelo vírus, não precisaria me preocupar, nada sentiria ou seria acometido, quando muito, de uma gripezinha ou resfriadinho [...]", minimizando a gravidade da situação e pondo em risco todos os brasileiros.

Na data de 26 de agosto de 2020, a Covid-19, em um contexto de projeto genocida do governo federal, já atingiu 3.669.995 brasileiros, levando 116.580 à óbito (BRASIL, 2020b). Perigosa não somente pelos seus impactos no campo da saúde e no risco trazido às vidas humanas, a pandemia também traz consigo significativas consequências econômicas.

A Covid-19 chegou ao Brasil logo após a divulgação de dados frustrantes acerca do PIB nacional, cujo crescimento foi registrado em 1,1%, contrariando a expectativa de crescimento de 2,6%. Registra-se que o número obtido foi menos que os anos de 2017 e 2018.

Laura de Carvalho explica que pouco antes da tomada de medidas restritivas, por parte de diversos entes federativos, o ministro da economia Paulo Guedes ainda apostava no crescimento de 2,5% do PIB no ano de 2020. Não obstante, menos de uma semana depois, a necessidade de abandono das regras orçamentárias da Lei de Responsabilidade Fiscal, a fim de se obter mais recursos para a contenção da pandemia, já era uma realidade.

O decreto de calamidade pública foi assinado pelo presidente da república Jair Bolsonaro em 20 de março de 2020, permitindo então a criação dos tão necessários créditos extraordinários (CARVALHO, 2020, pp. 16-17).

> O valor previsto para o conjunto de gastos aprovados para o combate à pandemia somava, em 15 de maio de 2020, R$ 258,5 bilhões, dos quais apenas R$ 67,7 bilhões haviam sido pagos até essa data. Em proporção do PIB, o volume previsto de recursos não destoa do valor aprovado em países ricos para o combate à pandemia. Desse total, R$ 123,9 bilhões referem-se ao pagamento de auxílio emergencial para pessoas em situação de vulnerabilidade, R$ 3 bilhões à ampliação do programa Bolsa Família, R$ 56,6 bilhões à concessão de parte do seguro-desemprego para trabalhadores com contrato de trabalho suspenso ou redução de jornada, R$ 16 bilhões ao auxílio a estados e municípios, R$ 34 bilhões ao financiamento a empresas

para pagamento da folha salarial e R$ 23,96 bilhões a despesas adicionais do Ministério da Saúde e demais ministérios (CARVALHO, 2020, pp. 18).

Ao analisar os primeiros impactos sanitários, econômicos e sociais da pandemia no Brasil, há que se considerar que se fala de um país marcado desde sempre por intensas formas de exploração e precarização das condições de vida da classe trabalhadora. Como exemplo, cita-se que, antes mesmo da pandemia do Covid-19 chegar ao Brasil, 40% dos trabalhadores brasileiros encontravam-se em situação de emprego informal ao fim de 2019. Para mais, 5 milhões de trabalhadores estavam submetidos ao fenômeno da uberização do trabalho (ANTUNES, 2020, pp. 07-08).

Tendo isso em mente, vê-se que a pandemia do Corona Vírus aponta uma contradição que atinge a totalidade da classe trabalhadora. Por um lado, como medida sanitária se faz necessário o isolamento social e a prática da quarentena como forma de proteção dos trabalhadores contra o contágio do vírus. Contudo, a mesma situação coloca em vulnerabilidade os desempregados, trabalhadores informais, uberizados terceirizados etc., que veem prejudicado o seu sustento em razão da impossibilidade de se auferir renda nas condições de isolamento (ANTUNES, 2020, pp. 18-19).

Dados do IBGE apontam que, entre 19/07 e 25/07/2020, 76,9% das pessoas ocupadas estavam trabalhando, 6,2% das pessoas ocupadas estavam afastadas devido ao distanciamento social, 3,3% das pessoas ocupadas encontravam-se afastadas por outros motivos e 13,7% das pessoas foram classificadas como desocupadas (BRASIL, 2020b). A taxa de desocupação, em 03/05/2020, era de 10,5%. No mesmo período, o rendimento médio real efetivamente recebido de todos os trabalhos das pessoas ocupadas foi de R$ 2.077, enquanto era de R$ 2.377 o rendimento médio real normalmente recebido de todos os trabalhos das pessoas ocupadas. Em números absolutos, 5,8 milhões de pessoas estavam afastadas do trabalho devido ao distanciamento social entre 19/07 e 25/07/2020, 8,3 milhões estavam em trabalho remoto, 18,5 milhões de pessoas não procuraram trabalho por conta da pandemia ou por falta de trabalho na localidade, 17,7 milhões de pessoas ocupadas e não afastadas do trabalho trabalharam menos do que o habitual e 24,1 milhões de pessoas ocupadas tiveram rendimento efetivamente recebido do trabalho menor que o normalmente recebido. Por fim, o relatório aponta que 44,1% dos domicílios brasileiros receberam o auxílio emergencial (BRASIL, 2020d).

Mascaro afirma que não se pode mencionar as explicações sobre a pandemia a concepções puramente biológicas, justamente porque a crise evidenciada pela Covid-19 é fundamentalmente do modelo de relação social que exclui a maioria dos seres humanos das condições de sustentação material de sua existência.

O desemprego, as condições de habitação precárias, as maiores chances de contaminação em transportes públicos e a fragilidade do sistema de saúde são condições históricas do modo de produção capitalista (MASCARO, 2020, pp. 04-05).

Neste contexto, em caso de menor gravidade da crise instaurada pela pandemia, as demandas sociais poderiam vir a ser ajustadas dentro do capitalismo. Contudo, o capitalismo não pode resolver as demandas de saúde, salário e habitação. Tudo sendo mercadoria, não se consegue fazer com que a saúde escape dessa lógica de mercantilização. No caso dos salários, porque esta é justamente a forma da exploração econômica. E no caso da habitação, porque a propriedade privada orienta as próprias condições de moradia e, esta mesma propriedade, é oponível contra todos.

Como reação das sociedades capitalistas, costuma-se observar a determinação de uma renda básica à população mais pobre, linhas de crédito para empresas, maior prazo de pagamento de tributos etc. Ressalva Mascaro, contudo, que tais medidas são insuficientes, de modo que o capitalismo não pode dar conta da pandemia (MASCARO, p. 06-07).

Ademais, ressalta-se que, no contexto da pandemia do Covid-19, além da amplificação das vulnerabilidades a que está exposta a totalidade da classe trabalhadora, as desigualdades de gênero afetam de maneira desproporcional a população feminina, sobrecarregada com as demandas de trabalho doméstico e de cuidado (CARVALHO, 2020).

Saffioti nos lembra que homens e mulheres não ocupam posições iguais na sociedade brasileira. Mesmo que uma mulher desempenhe uma função fora do lar, a essa continua sendo imposta a responsabilidade de cuidado dos filhos, por exemplo, como tarefa de preparação de novas gerações para o mercado de trabalho. A sociedade investe muito na naturalização desse processo, de modo que se tenta fazer crer que o espaço feminino é no lar (SAFFIOTI, 1987, p. 08-09).

No contexto da pandemia do Covid-19, a necessidade de isolamento social, a sobrecarga do sistema de saúde brasileiro e o fechamento de serviços de acolhimento de idosos, escolas e creches fez com que uma variedade de procedimentos, antes realizados nessas instituições, passassem a ser realizados no âmbito doméstico. Disso, extrai-se um significativo aumento na demanda dos trabalhos de cuidado, submetendo as mulheres a uma carga ainda maior de exploração, muitas vezes conciliando os serviços domésticos e de cuidado com trabalhos remunerados, a fim de manter a renda familiar (IPEA, 2020, p. 10-11).

Com isso, vemos que, para além das desigualdades e altas cargas de exploração a que já eram submetidos os trabalhadores brasileiros, a gestão sanitária e econômica promovida pelo governo federal em razão da pandemia do Covid-19 expôs ainda mais a população nacional a riscos de saúde e vida. Juntamente a isso, viu-se que as dinâmicas de exploração e desigualdade foram intensificadas ainda mais no período da pandemia, com o aumento da vulnerabilidade a que são expostas as camadas mais empobrecidas da população.

2. PERSPECTIVAS FAMILIARES E FEMINISTAS SOBRE O ENCARCERAMENTO

A presente perspectiva de análise é fortemente inspirada em Angela Davis, que, em sua obra "Estarão as Prisões Obsoletas?", aponta a necessidade de se pensar um sistema penal como um todo estruturado a partir das questões de gênero. É essencial que se pense a influência do gênero na punição assim como o sistema penal reflete e consolida as estruturas de gênero em nossa sociedade (DAVIS, 2019, p. 65-66).

O impacto do sistema penal na vida de milhões de mulheres não pode ser lido tão somente a partir do encarceramento feminino. O encarceramento em massa da população jovem e negra no Brasil precisa ser analisado juntamente a sua realidade familiar, social e comunitária.

Dados do Levantamento Nacional de Informações Penitenciárias, publicado em 2019, apontam que a população carcerária brasileira era de 726.354 pessoas no primeiro semestre de 2017. Em relação ao segundo semestre de 2016 e o primeiro semestre de 2017, observou-se o aumento de 0,59% no número de encarcerados, o que equivale 4.234 pessoas. O mesmo documento aponta, ainda, que o Brasil teve, em média, uma taxa anual de crescimento de sua população prisional de 7,14% desde o ano 2000 (BRASIL, 2019, p. 07-08).

Das pessoas provadas de liberdade no Brasil, 46,2% são de cor/etnia parda, 35,4% são de cor/etnia branca e 17,3% de cor/etnia preta. "Somados, pessoas presas de cor/etnia pretas e pardas totalizam 63,6% da população carcerária nacional" (BRASIL, 2019, pp. 31-32).

Dos dados, extrai-se que a população mais atingida pelo encarceramento em massa no Brasil é a racializada como preta e parda, de modo que, apesar de poucos dados especificamente neste sentido, infere-se que as famílias atingidas pelo sistema penal também o são.

Michelle Alexander, em estudo acerca do encarceramento em massa vivido pela população negra e jovem estadunidense, trata acerca impacto da prisão pela vida das famílias. Em que pese o estudo se dê nos Estados Unidos, e considerando os poucos elementos destacados sobre o tema nas produções e estatísticas nacionais brasileira, as conclusões da autora são de grande valia para reflexões acerca da temática.

Alexander percebe que, no contexto estadunidense, um dos impactos diretos percebidos a partir do encarceramento da população masculina foi a exclusão de réus dos programas de assistência social, em especial de moradia, afetando diretamente a família dos acusados e gerando perdas de guardas de filhos pela ausência de local de residência (ALEXANDER, 2017, p. 218).

Nessa ocasião, as consequências da aplicação direta de um modelo de governança neoliberal, do desmantelamento de políticas públicas de assistência social e do controle punitivo do Estado não recaíram apenas sobre os indivíduos encarcerados, mas também sobre suas famílias, justamente em um período histórico de crise sanitária e agravamento das desigualdades sociais.

Nesse mesmo contexto, no Brasil, vê-se os maiores obstáculos ao recebimento do auxílio emergencial impostos às famílias de detentos. Assim, agrava-se a vulnerabilização social vivida no período pandêmico, sujeitando essa população a um verdadeiro controle de classe por meio da propensão aos riscos à saúde e a precarização das relações de trabalho e possibilidades de subsistência.

Como percebe Michelle Alexander, as famílias de pessoas que foram presas sentem o estigma do aprisionamento e os estereótipos que os acompanham, como falta de afeto, ausência paterna e empobrecimento, que foram amplamente relatados pelas participantes da pesquisa de campo. Alexander destaca que o processo de criminalização amplamente vivido pela comunidade negra é acompanhado de isolamento, desconfiança e alienação no âmbito de suas comunidades, e o retorno dos ex-detentos ao convívio social é, muitas vezes, marcado por desdém em relação a empregadores, vizinhos e, eventualmente, até em relação à própria família.

Comparando com o período do Jim Crow nos Estados Unidos, quando as comunidades negras eram centros de apoio e solidariedade, a autora percebe que o encarceramento afeta a população negra e seus vínculos comunitários de maneira ainda mais nefasta do que em regimes autodeclarados de segregação (ALEXANDER, 2017, p. 242).

Intimamente ligado a esse processo de isolamento dos indivíduos e de seus núcleos familiares e comunitários, Alexander menciona que mentir sobre o estado de encarceramento de membros da família acaba sendo estratégia de resistência comum, especialmente no ambiente de trabalho, o que se notou na pesquisa de campo como procedimento muitas vezes necessário à proteção e garantia da subsistência pessoal e familiar (ALEXANDER, 2017, p. 245-246).

Como já destacado, o impacto do encarceramento no âmbito familiar e comunitário é imediatamente sentido pelos grupos de pessoas que veem sua dinâmica de vida absorvida pelo controle punitivo. E, considerando os dados acerca do maior aprisionamento de pessoas negras em relação a pessoas brancas no Brasil, mesmo levando em conta a inexistência de dados acerca da situação familiar das pessoas encarceradas, é possível inferir que as famílias que sofrem os efeitos do controle penal também são as de pessoas negras.

Com especial destaque, são as mulheres negras quem mais estão sujeitas às novas dinâmicas de sobrecarga de trabalho, aumento de gastos e precarização das relações de trabalho a partir do aprisionamento de um membro de sua família.

Lélia Gonzalez já afirmava a existência de uma forte violência sobre as mulheres negras na medida em que sujeitas ao racismo articulado com o sexismo. Utilizando como exemplo as festividades de carnaval, a autora explica que as mulheres negras, nessa ocasião, transformam-se em "mulatas" endeusadas, fortemente sexualizadas. Não obstante, o mito da democracia racial oculta a violência simbólica que é exercida sobre essas mesmas mulheres quando transfiguradas em empregadas domésticas. Mulata e doméstica, diz Lélia, são atribuições de um mesmo sujeito. São essas mulheres quem, no Brasil, sofrem condições de vulnerabilização extrema, sobrevivendo de prestação de serviços, "segurando a barra familiar praticamente sozinhas" e lidando com a perseguição policial sistemática (GONZALEZ, 2020, p. 79-83).

Ser uma mulher negra no Brasil significa estar exposta à tripla discriminação, que se articulam na forma do sexismo, do racismo e da exploração de classe. Com efeito, Lélia identifica, nas diferentes configurações econômicas de acumulação de capital vividas no país, um desenvolvimento desigual e dependente que, para além de produzir um exército industrial de reserva, produz uma massa marginal crescente frente ao setor de trabalho hegemônico.

Em que pese possa ser observado um crescimento nos setores de classe média no Brasil a partir dos anos de 1950, a autora destaca que a população negra se viu excluída da participação desse desenvolvimento econômico, seguindo, majoritariamente, em baixas condições de vida no que tange à moradia e saúde, além de sujeitos à forte precarização de condições de trabalho. A autora denuncia, portanto, que enquanto ser homem negro significa uma maior sujeição à violência policial e repressão, a mulher negra vê um reforço da situação de inferioridade por meio do trabalho doméstico realizado nas famílias de classe média e alta (GONZALEZ, 2020, p. 55-59).

Lélia Gonzalez, em seu artigo "Por um feminismo afro-latino-americano" ressalta que a noção de igualdade presente na legislação brasileira é tão somente formal, na medida em que a sofisticação do racismo latino-americano mantém a hierarquia social organizada de modo que negros e indígenas ocupem as posições de subordinação. Nesse ponto, a ideologia do branqueamento é essencial à reprodução da ideologia que classifica os valores da cultura branca enquanto superiores. Nesse contexto, o mito da democracia racial apresenta-se enquanto uma construção que visa à garantia dessa hierarquia social, de forma que a ideia de harmonia entre as raças é protegida pela igualdade perante a lei (GONZALEZ, 2020, p. 143-144)

É dentro desse contexto que Lélia ressalta que a consciência da opressão começa, antes de tudo, pela raça, sendo, junto com a exploração de classe, uma referência básica de luta comum entre homens e mulheres que pertencem a grupos étnicos subordinados. Não obstante, a autora nos explica que nesse contexto de participação em movimentos por libertação que se evidencia o sexismo, muitas vezes cometidos por parceiros de luta, de onde se extrai a necessidade de pensar teorias e práticas feministas (GONZALEZ, 2020, p. 147-148).

Debatendo o contexto estadunidense, Davis explica que os regimes de punição vividos pelas mulheres negras, no período anterior à abolição da escravidão, eram bastante distintos do vivido pelas mulheres brancas, na medida que eram brutalmente punidas por condutas que, em contextos de liberdade, seriam considerados normais. A autora ressalta o caráter sexista das formas de punição aplicadas às mulheres negras escravizadas. Não obstante o tempo e as mudanças históricas decorridas até então, a concepção de que os desvios femininos têm uma dimensão sexual ainda persiste, assim como a interseção entre o racismo, sexismo e a criminalidade (DAVIS, 2019, p. 73-74).

Dada a extensão das dinâmicas de punição em direção à vida dos familiares das pessoas encarceradas, é possível notar que a sujeição das mulheres ao controle punitivo não ocorre tão somente pelo seu aprisionamento. Em verdade, um maior contingente de mulheres, especialmente negras e de baixa renda, vê no aprisionamento de familiares seus e na imperiosidade de seu trabalho de reprodução da mão de obra encarcerada uma presença direta da interação entre racismo, sexismo e criminalidade.

O longo processo histórico marcado pela condição de dependência do Brasil, pelas políticas de financeirização, militarização e insatisfação social a partir das contradições aprofundadas no período do governo do Partido dos Trabalhadores, as políticas de aceleração do padrão de acumulação de capital tem como marcos históricos os governos de Michel Temer e Jair Bolsonaro na Presidência da República. Um dos pilares desse processo de acumulação é justamente a intensificação da exploração da força de trabalho, ancorada na retórica da impossibilidade de manutenção de altos níveis de emprego e direitos trabalhistas. Para mais, destaca-se a política de reforço à ordem generificada das relações sociais, pautadas como instrumento de defesa contra a desmoralização da família e a contra a instituição da "ideologia de gênero" nas escolas (FONSECA; ALENCAR, 2021).

Outro traço marcante do momento contemporâneo brasileiro é a retomada do padrão militarizado da reprodução da vida social, já em andamento desde a administração do Partido dos Trabalhadores e intensificada ao longo dos governos Temer e Bolsonaro. Como principais instrumentos de aplicação dessa política de controle social, observa-se o uso das forças armadas em execução de tarefas civis e reforço do politicamente urbano como "estratégia de contra insurgência preventiva diante das frações da classe trabalhadora ditas perigosas" (FONSECA; ALENCAR, 2021, p. 325).

> Há, portanto, uma dimensão de controle sobre a vida que imprime a regulação armada aberta do cotidiano social, acompanhada da tentativa de remilitarização subjetiva, através, de um lado, da transmissão de valores da instituição policial e seus códigos de hierarquia, e por outro, do reforço dos valores nacionalistas calcados na ordem, no progresso, em Deus e na família, como mencionado nos tópicos anteriores. Este processo se desenvolve de maneira imbricada à expansão do ethos neoliberal e pentecostal de empreendedorismo individual diante do crescente aumento do custo de vida e da deterioração/negação do acesso a serviços públicos básicos como saneamento, luz, água, moradia, saúde, educação, dentre outros (FONSECA; ALENCAR, 2021, p. 325).

A chamada virada para o período neoliberal pode ser explicada tendo como ponto de partida a reestruturação das formas de Estado após a Segunda Guerra Mundial, de forma a impedir as crises que ameaçaram o capitalismo nos anos de 1930. A intenção era atingir uma combinação ideal de Estado, mercado e instituições democráticas em nome da garantia da paz, inclusão, bem-estar e estabilidade. A intervenção do Estado pôde ser observada em diversos âmbitos, estabelecendo padrões para o salário, construindo uma variedade de sistemas de bem-estar, como saúde e educação. Com isso, os países capitalistas nos anos de 1950 a 1960 viram elevadas taxas de crescimento.

Não obstante, sinais de uma crise de acumulação estavam aparentes, bem como era visível o aumento nos níveis de desemprego e inflação. Em um contexto de quedas na arrecadação de impostos e aumento dos gastos sociais, as políticas keynesianas já não eram uma solução. A neoliberalização surge como um projeto de reorganização do capitalismo internacional, a fim de restabelecer as condições de acumulação do capital e reestabelecimento do poder as elites econômicas, com especial sucesso neste último (HARVEY, 2005, p. 19-21).

Um aspecto relevante levantado por Harvey é o processo de obtenção de consentimento popular para a implementação do projeto neoliberal. O autor explica que não se pode identificar tão somente uma estratégia de implementação, já que as influências ideológicas circularam desde as corporações e meios de comunicação até instituições como universidades, escolas, igrejas etc. Nesse processo, é destacável o uso das tradições e valores culturais, já que um projeto econômico coordenado pela elite, por si só, não teria o necessário apoio popular. Nesse contexto, o recurso às liberdades individuais também serviu de modo a disfarçar a reestruturação do poder de classe (HARVEY, 2005, p. 49-50).

No neoliberalismo o Estado deve, em teoria, atuar em prol dos direitos individuais à propriedade privada, regime de direito e livre comércio, protegendo a liberdade contratual e também os direitos de propriedade intelectual. A competição entre indivíduos deve ser incentivada, e sendo a liberdade individual um grande pilar nessa lógica de funcionamento, cada sujeito é unicamente responsável por suas ações e bem-estar (HARVEY, 2005, p. 75-76).

Um dos elementos a serem destacados do discurso neoliberal é crítica à dependência dos programas de assistência social. Nessa lógica, o Estado de bem-estar social teria eximido os indivíduos de suas responsabilidades, desincentivando-os a trabalhar e estudar, promovendo o ócio. Como resposta, instaurou-se uma série de mecanismos de cálculo econômico individual, como forma de moralizar os comportamentos e atingir uma maior eficiência dos sistemas sociais. A família, o casamento, os crimes, o desemprego e as ações coletivas passaram a ser calculadas de maneira economicamente racional (DARDOT; LAVAL, 2016, p. 125-127).

Os mesmos autores refletem que o neoliberalismo não busca necessariamente a ausência de intervenção do Estado, mas sim a sua ação moldada às regras de concorrência e operando sob uma mesma lógica de eficácia, no que pode ser encarado como um governo empresarial. Não só a administração se torna equivalente à gestão de empresas, mas as políticas são direcionadas em benefício delas (DARDOT; LAVAL, 2016, p. 163). Tem-se, portanto, uma lógica estatal que é curvada às novas condições, atuando em prol de condições vantajosas para o empresariado e prejudiciais à classe trabalhadora (DARDOT; LAVAL, 2016, p. 167).

Nesse contexto, o estado de bem-estar é um peso, marcado pela ineficiência. O gerencialismo é apresentado como solução a este problema, na medida em que coloca sobre a figura do administrador a missão heroica de trazer mais eficiência para um setor marcado pela desorganização. O setor privado é visto como mais ágil, inovador, eficaz e flexível (DARDOT; LAVAL, 2016, p. 171). É nesse mesmo raciocínio que cresce a ideia de que as privatizações são vantajosas, convergindo na diminuição da burocracia estatal e diminuindo gastos (DARDOT; LAVAL, 2016, p. 177).

Cabe um apontamento à afirmação acerca dos efeitos nefastos do neoliberalismo à vida das mulheres, que será aprofundado posteriormente. Harvey afirma que, no caso da acumulação por espoliação, as mulheres são excluídas dos sistemas de produção e comercialização domésticos nas estruturas sociais tradicionais, estabelecendo uma nova dinâmica em que o controle das mercadorias e créditos é feito por homens. Nos países de capitalismo avançado, a perda da assistência social tem vulnerabilizado ainda mais as mulheres empobrecidas, "e em muitos dos antigos países comunistas do bloco soviético a perda de direitos das mulheres por meio da neoliberalização é nada menos que catastrófica" (HARVEY, 2005, p. 183).

Se já perceptível o forte aumento da violência do controle social sobre a população brasileira ao longo dos últimos anos, ainda mais acentuada é a dinâmica de sujeição dos familiares de pessoas encarceradas à precarização das condições de reprodução de suas vidas. A latente vulnerabilização social da classe trabalhadora sob o manto do capitalismo neoliberal recai de maneira ainda mais intensa sobre a população negra, especialmente feminina, mantendo e reproduzindo as condições sociais de desigualdade de classe, gênero e raça. A velha máxima da economia política da pena, que afirma que cada sistema de produção possui o modo de punição que lhe é correspondente, com as devidas mediações que se buscou fazer neste trabalho, não é afastada quando se analisa especificamente as relações sociais de familiares de pessoas encarceradas. Em verdade, o contrário acontece.

As dinâmicas de aprisionamento da população majoritariamente jovem, negra e pobre no Brasil sujeitam um contingente ainda maior de pessoas ao controle punitivo estatal por meio da imposição de uma série de responsabilidades e formas de precarização da vida, com muito especial destaque à responsabilização das mulheres familiares de detentos pela reprodução da força de trabalho presa, afastada do mercado de trabalho e tendo sua mão de obra superexplorada em trabalhos intramuros. É justamente nesse contexto de sobrecarga das mulheres, especialmente negra, para com as funções de reprodução da classe trabalhadora que se insere a maior obstacularização do recebimento de auxílio emergencial por estas famílias.

O estudo do sistema penal a partir da centralidade da família apresenta um norte à compreensão do impacto do encarceramento na vida social. Nos casos em que a imensa maioria das pessoas encarceradas são homens, como é a situação no Brasil, compreender o sistema penal pela ótica do gênero impõe, para além do estudo das mulheres encarceradas, pensar a reconfiguração das relações econômicas e laborais femininas enquanto elemento constitutivo do sistema penal, com o que se buscou contribuir neste trabalho.

Recorda-se que não há como se promover o encarceramento em massa de uma população sem atingir seus núcleos familiares e comunitários, remodelando suas relações econômicas, sociais, de trabalho e de subsistência em torno da nova realidade do cárcere. A compreensão de como essas modificações se dão no contexto capitalista é essencial à leitura efetiva dos impactos do sistema penal e, no caso deste trabalho, apresente elementos essenciais à compreensão das dinâmicas sociais que sustentaram uma possibilidade concreta de negativa de auxílio emergencial à família de detentos.

3. O AUXÍLIO EMERGENCIAL E FAMÍLIAS DE DETENTOS

A Lei nº 13.982, de 2 de abril de 2020, estabelece medidas excepcionais de proteção social adotadas durante o período de enfrentamento da pandemia de Covid-19. A referida legislação instituiu o pagamento de três parcelas mensais, no valor de R$ 600,00, aos trabalhadores que cumprirem cumulativamente os requisitos de idade superior aos 18 anos, exceto nos casos de mães adolescentes, ausência de emprego formal ativo, ausência de recebimento de benefício previdenciário, assistencial, seguro-desemprego ou de programa de transferência de renda federal, recebimento de renda familiar mensal per até meio salário mínimo, ou cuja renda familiar mensal total seja de até 3 salários mínimos, que, no ano de 2018, não tenha recebido rendimentos tributáveis acima de R$ 28.559,70 e que exerça atividade como microempreendedor individual, contribuinte individual do Regime Geral de Previdência Social ou trabalhador informal, seja empregado, autônomo ou desempregado, de qualquer natureza, inclusive o intermitente inativo, inscrito no Cadastro Único para Programas Sociais do Governo Federal (CadÚnico) até 20 de março de 2020.

A mesma legislação, ainda, dispôs que o recebimento do auxílio emergencial é limitado até dois membros da mesma família, e que à mulher provedora de família monoparental, cabe o recebimento de duas cotas mensais do auxílio (BRASIL, 2020c). Antes da aprovação da Lei nº 13.982/2020, o governo federal, na figura do ministro Paulo Guedes, anunciou que liberaria a quantia de 15 bilhões de reais em benefícios no valor de até 200 reais destinados aos trabalhadores autônomos e informais que já fizessem parte do Cadastro Único e não recebiam outros benefícios. "Além de prever um valor três vezes menor, o auxílio proposto pelo governo deixava de fora, portanto, os beneficiários do Bolsa Família e os trabalhadores desempregados, autônomos e informais que ainda não faziam parte do Cadastro Único" (CARVALHO, 2020, p. 61).

Conforme extrai-se dos requisitos legais para o recebimento das parcelas do auxílio emergencial, nada foi disposto acerca da impossibilidade de pagamento das verbas às famílias que tivessem parentes em situação de reclusão. Contudo, como já introduzido neste trabalho, o veículo de imprensa Estadão, em 14 de maio de 2020, noticiou a negativa do auxílio aos familiares de detentos (TURTELLI, 2020).

A reportagem detectou uma divergência nas informações prestadas, na medida em que, segundo ofício encaminhado ao Ministério Público Federal pelo Ministério da Cidadania, a empresa que faz o processamento dos dados para a concessão do auxílio admitiu a restrição de acesso às famílias de encarcerados. De maneira diversa, segundo a Dataprev, os requerimentos não foram negados, porém mais de 39 mil pedidos apresentados pelos familiares de detentos ou pelos próprios indivíduos encarcerados irão passar por um "processamento adicional" (TURTELLI, 2020).

Em abril de 2020, o Conselho Nacional de Justiça (CNJ) publicou um informativo, reiterando que egressos do sistema prisional, pessoas que possuem parentes presos ou que tenham passado pelo sistema prisional ou familiares de adolescentes que passaram ou estão no sistema socioeducativo possuem o direito ao recebimento das verbas relativas ao auxílio emergencial, de forma a garantir um maior acesso à informação à população que passa pelo controle do sistema penal, bem como à seus familiares (CONJUR, 2020).

A negativa do auxílio emergencial, ou o "reprocessamento adicional" a que esses pedidos foram submetidos sem qualquer amparo ou previsão legal pode ser lido como um exemplo do que Godoi (2017) chamou de administração ampliada das penas, que atinge não somente as pessoas encarceradas como também seus familiares.

Para além das diversas formas invisíveis de punição a que essas famílias estão expostas juntos a seus parentes encarcerados, a negativa, ainda que momentânea, do pagamento de verbas emergenciais em um momento de grave crise de saúde, e também econômica, demonstra, mais que qualquer juízo de perversidade, um projeto político de manutenção da exploração desta classe social.

Maurício Dieter, resgatando a premissa da economia política da pena – relação entre as formas de produção e o sistema de punição de determinada sociedade - trabalha com a categoria de política criminal atuarial.

Com isso, aponta que se deve buscar nas dinâmicas dos espaços sociais, políticos e econômicos os fundamentos que permitem o uso seletivo das formas de punição como modelo de gestão de risco, considerando o sistema penal enquanto instrumento de gestão de classe (DIETER, 2012, p. 238-239).

> A análise começa, portanto, pela contextualização do cenário político-econômico que presenciou a emergência e consolidação da lógica atuarial como critério reitor da criminalização secundária, período que vai da segunda metade da década de 70 até os dias atuais e compreende as décadas de crise. Caracterizado pela desilusão quanto à possibilidade de resgatar os anos dourados da economia imperialista, é durante este intervalo que se estrutura a chamada configuração contemporânea do capitalismo, na qual a longa onda expansiva é substituída por uma recessão generalizada que inverte sua dinâmica: as crises são dominantes, as retomadas episódicas. O que não muda, entretanto, é o protagonismo dos monopólios, cujas respostas formuladas para lidar com a traumática transição da década de 60 à de 70 conduzem a substanciais alterações no plano econômico, social, político e cultural, como bem sintetizam Marcelo BRAZ e José Paulo NETTO (DIETER, 2012, p. 239-240).

Com isto, viu-se que a rearticulação do capital se sustentou sobre os processos de reestruturação produtiva – apoiado na flexibilidade dos processos e mercados de trabalho, produtos e padrões de consumo, a fim de renovar a exploração da força de trabalho e aumentar as taxas de lucratividade, financeirização – concentração do sistema bancário e financeiro, e ideologia neoliberal, mais bem explorada na primeira seção deste texto (DIETER, 2012, p. 240-243).

Dentre os diversos e importantes desdobramentos que esse processo gerou nas últimas décadas, neste trabalho cumpre destacar que a consolidação de uma política criminal atuarial se mostrou eficaz para o controle não só de indivíduos, mas de toda uma classe social excluída da ascensão social por meio da integração econômica (DIETER, 2012, p. 248). O aumento no rigor da disciplina de trabalho, níveis mais altos de flexibilização dos contratos laborais, insegurança quanto às condições de trabalho, diminuição significativa de proteção social e um considerável aumento na competição por trabalhos informais, atingindo principalmente a população negra, formam um conjunto de condições ao aumento do reestabelecimento de altas taxas de lucro em uma economia globalizada.

Neste contexto, Di Giorgi aponta que uma série de fatores não econômicos fazem parte do processo de definição do valor geral da força de trabalho e dos grupos que preenchem suas vagas. A interação entre estruturas econômicas, tecnologias governamentais de regulação social, políticas estatais de intervenção na economia, políticas criminais, dentre outras, agem em conjunto na determinação desse valor social. Por isso, pode-se dizer que a situação das classes marginalizadas é determinada pelo seu local na estrutura econômica (DI GIORGI, 2019, p. 49-50).

Defendendo uma economia política da pena que supere a ênfase tradicional dos poderes da pena, o mesmo autor defende uma análise que compreenda a mudança na situação das classes menos privilegiadas em face dos processos econômicos e extraeconômicos, convergindo em um sentido de maior insegurança no mercado de trabalho e aumento da exploração.

Juntamente a isto, vê-se o desmantelamento de compromissos socais por meio da consolidação de uma governança neoliberal e desregulamentação do mercado de trabalho. "No campo da significação cultural, o neoconservador mantém debates públicos sobre desigualdades socioeconômicas, reforçados por pânicos morais sobre a criminalidade nas ruas, imigração, drogas, assistência social, entre outras, legitimando representações dominantes sobre os pobres em contexto pós-industrial" (DI GIORGI, 2019, p. 50-51). Ainda que o foco de análise de Di Giorgi, neste texto, resida no desmantelamento do estado de bem-estar social estadunidense, a referida proposta apresenta importantes ferramentas para a compreensão dos processos de maior vulnerabilização e aumento de exploração das classes empobrecidas no Brasil.

Conforme se tratou, o implemento de uma lógica atuarial no sistema de justiça criminal, há muito em andamento nos Estados Unidos, e podendo-se enxergar largos passos rumo a sua adoção no Brasil, demonstrou eficiência não só no controle dos indivíduos especificamente selecionado pelo sistema penal, mas de toda uma classe de pessoas que acaba, direta ou indiretamente, atingida pela malha de controle do estado.

O caso da negativa (ou, nos termos anunciados, reprocessamento adicional), do auxílio emergencial em razão do grau de parentesco com pessoas privadas de liberdade, vê-se, para muito além do que se pode chamar de desrespeito ao princípio da pessoalidade da pena, uma verdadeira forma de controle de classe, aumentando o grau de vulnerabilização social e aumento da exploração sobre toda uma classe.

Em um momento de pandemia, em que se observa uma sobrecarga dos sistemas de saúde, fragilização das relações de trabalho, sobrecarga de serviços domésticos e intensificação das desigualdades sociais, a gestão de políticas públicas dirigidas de maneira prejudicial a determinadas classes demonstra que a análise biológica da doença não basta.

O vírus não só atinge as pessoas de maneira totalmente diversa a depender de suas classes sociais, estando mais vulnerável a camada mais pobre da população. Mais que isso, a própria governança implementada na ocasião demonstra um projeto político de manutenção e intensificação das vulnerabilidades e explorações daqueles já em situação mais desfavorecida.

Além disso, confirma-se o desmantelamento de compromissos de políticas públicas de assistência social, já há muito fragilizadas no Brasil. Dentre todos os argumentos expostos, o que se identifica da política de reprocessamento adicional do auxílio emergencial às famílias de detentos, junto aos processos de enfraquecimento das relações de trabalho e sucateamento dos serviços de assistência, é a consolidação de uma governança neoliberal promovida em território brasileiro.

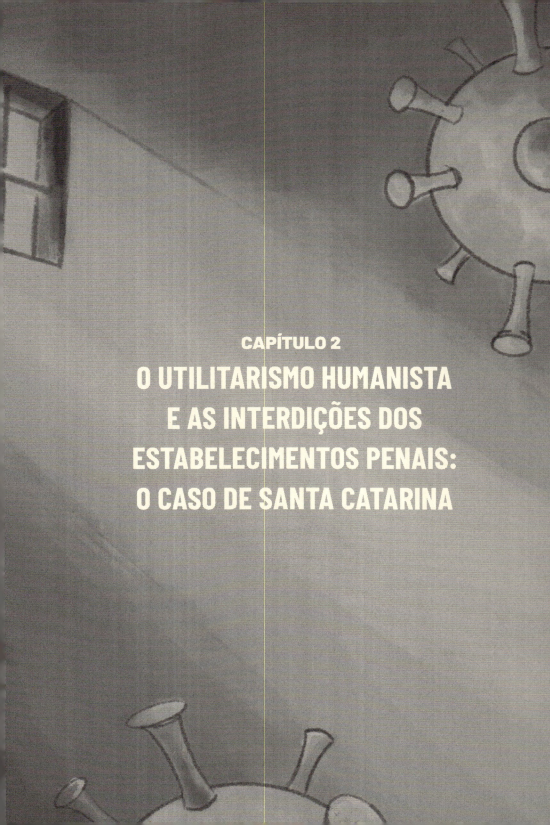

CAPÍTULO 2
O UTILITARISMO HUMANISTA E AS INTERDIÇÕES DOS ESTABELECIMENTOS PENAIS: O CASO DE SANTA CATARINA

EMBORA SEJA CONCEITO DE DIFÍCIL APLICAÇÃO À REALIDADE CAR-
cerária brasileira, a humanização da pena constitui premissa básica de sustentação ideológica da prisão do século XX. Esse ideário foi desenvolvido em um contexto em que as atrocidades causadas pelas aplicações de sanções chegaram a pontos tais que somente a mudança de um discurso punitivista para o reintegrador continuariam trazendo ares de normalidade ao encarceramento.

Entretanto, apesar da modificação do discurso, observa-se a dificuldade de conciliação dos discursos humanistas declarados pelas legislações em vigência no Brasil com as políticas criminais que perpetuam o encarceramento em massa, reprodutoras do aumento da superlotação prisional.

Embora seja possível observar iniciativas de construção e criação de novos estabelecimentos (BRASIL, 2020b), a administração prisional não consegue acompanhar o crescimento exponencial do número de encarceramentos progressivos que acontecem a cada ano. Dessa forma, o avanço da população encarcerada, em detrimento dos espaços prisionais adequados diminui com o passar dos anos.

Nessa celeuma, alguns órgãos judiciais têm enfrentado a questão da superlotação e buscado medidas para solucionar a problemática, ainda que de forma paliativa. Eles têm, por exemplo, fundados no artigo 66 da Lei nº 7210/84 (BRASIL, 1984), interditado os estabelecimentos penais de suas comarcas e proibido o ingresso de reclusos que ultrapassem os números delimitados pelo respectivo julgador.

Ao analisar as decisões de maneira superficial tem-se que aparentemente esses atos auxiliam na resolução do problema da superlotação prisional e atendem a dignidade das pessoas privadas de liberdade. Contudo, quando se observa a questão de forma mais acurada, percebe-se que tais medidas tendem a prejudicar as pessoas segregadas de suas liberdades, independentemente do regime em que se encontram.

Utilizando como exemplo as decisões judiciais proferidas pelas comarcas de Araranguá, Xanxerê e Florianópolis, no caso de prisão de alguma pessoa nesses municípios que venham a superar a capacidade de presos projetada, a administração prisional possui um determinado tempo para providenciar local adequado ao novo aprisionado que não o estabelecimento penal do munícipio ou região da prisão. Logo, apesar de presa em determinada localidade, a pessoa resta removida para cidades distantes da família e da região onde vive, porque não existem vagas para o seu recolhimento na unidade prisional da comarca da prisão.

Diante disso, por mais contraditório que pareça, a pessoa sujeita ao cárcere é impedida de permanecer próxima de sua família – direito assegurado de forma taxativa pela lei nº 7.210/84 (BRASIL, 1984) - exatamente para cumprir com a humanização de seu aprisionamento. Seria essa a medida mais humanizada?

A hipótese é no sentido que a atitude de amenizar a superlotação carcerária de uma determinada localidade por meio da interdição, embora seja fundamentada na humanidade da pena, não se preocupa com ela. Pelo contrário, visa tão somente o controle social e "a segurança" de determinada comunidade – o que envolve a prisão inserida nessa localidade -, e não a atenção à condição do preso, como declarado. Se o discurso declarado efetivamente fosse o objeto de preocupação, o problema da superlotação seria enfrentado pelos órgãos constituídos através da única forma efetiva: o desencarceramento.

Diante desses aspectos, o objeto primordial do artigo consiste em aproximar a discussão antiprisional com os motivos que ensejam as interdições dos estabelecimentos penais e demonstrar que a solução encontrada está longe de resolver os problemas de superlotação prisional. Nesse sentido, apresenta-se a construção do discurso humanista no seio das prisões; discute-se as interdições judiciais dos estabelecimentos penais e o quão dificultoso podem tornar-se essas decisões na execução da pena privativa de liberdade, e apresentar a solução produzida pela criminologia crítica. Com essas assertivas, apresenta-se o principal problema da pesquisa: de que forma as interdições judiciais contribuem para a humanização das penas?

1. A CONSTRUÇÃO DO DISCURSO HUMANISTA NO SEIO DAS PRISÕES

Presente como algo imprescindível para a existência da sociedade moderna, a prisão ganha notoriedade a partir do advento da burguesia ao controle político na segunda metade do século XVIII. Apesar de sua existência na era medieval, quando se recolhiam devedores e pessoas que aguardavam julgamentos das autoridades, é no iluminismo que o encarceramento recebe um sentido utilitário, adquirindo rápida roupagem internacional e a naturalidade que perdura até os dias atuais (ZAFFARONI, 2013, p. 61).

A Inglaterra do século XVIII sofreu profundas transformações com o advento da Revolução Industrial. O eficientismo das máquinas a vapor modificou a sociedade a qual, até então baseada no campo, mudou-se para as cidades e produziu um aumento populacional desproporcional nos centros urbanos. Diante da impossibilidade de absorção dessas populações no meio social, o controle da massa de desempregados que andavam nas cidades urgia. É nesse cenário que se implementa, portanto, a pena de prisão (ANITUA, 2019, p. 201-202).

Em um primeiro momento, o encarceramento é utilizado (na prática e no discurso) com a finalidade de controlar as massas de desvalidos que não eram amortizados pelo sistema de capital em ascensão na sociedade do fim do século XVIII, início do século XIX. Nesse contexto o encarceramento surge com o condão de excluir esse quantitativo representativo de pessoas que viviam a margem da sociedade de então (ZAFFARONI, 2013, p. 61).

Esse fenômeno também vai ocorrer nos Estados Unidos da América do Norte, conforme acentuam Dario Melossi e Massimo Pavarini (2006, p. 179):

> [...] os amplos processos de mobilidade social interna, o abandono maciço do latifúndio por parte dos trabalhadores manuais que se dirigiram para o Oeste, as taxas crescentes de imigração não eram suficientes para encontrar, no curto prazo, uma saída ocupacional como força de trabalho indústria. Em outras palavras, num primeiro momento a alternativa manufatureira e a fábrica não foram capazes de absorver completamente a mão-de-obra disponível. Assim, calcula-se que no período jacksoniano o percentual de força de trabalho empregada de forma estável na indústria nunca superou 5% do conjunto da população ativa.

Na própria América do Norte, onde a prisão espalhou-se com maior velocidade, a prisão servia como anteparo para uma posterior punição. Angela Davis (2020, p. 28) retrata que a partir da criação da ideia penitenciária é que se iniciam os movimentos para a utilização do encarceramento como sanção propriamente dita.

Contudo, os ideários do período iluminista, caracterizado por uma burguesia em ascensão, entendiam que a perspectiva do castigo por si só não atendia aos interesses hegemônicos industriais. Diante dessa inocuidade, buscou-se uma função para a política de encarceramento. É nesse cenário que o utilitarismo da instituição da disciplina dos corpos em prol de uma sociedade republicana é sedimentado por vários reformistas da época, dentre os quais se destaca Jeremy Bentham (ANITUA, 2008, p. 203).

Evidentemente que no seio dessas perspectivas retribucionistas, a Europa continental vinha produzindo uma série de estudos ligados à temática da punição. Entre elas se destaca o positivismo criminológico capitaneado por Césare Lombroso, Rafaéle Garófalo e Enrico Ferri, onde, este último elaborou o conceito de defesa social e incrementou a ideologia do criminoso nato do primeiro. Ao incluir o meio social no bojo etiológico positivista, Ferri procurou justificar a necessidade da implementação de medidas preventivas nos sujeitos considerados perigosos. Essas alternativas que visavam evitar a ocorrência do crime por parte do Outro espalharam-se como fogo e chegou às prisões (ZAFFARONI, 1988, p. 168).

A ideia de retribuição como finalidade exclusiva da pena de prisão ainda se fazia presente no século XIX, porém, a sociedade alemã de Von Liszt passou a questionar a falta de efetividade da medida, especialmente porque não resolvia "o problema" da criminalidade. É nessa senda que o autor vai elaborar a ideia de prevenção especial positiva e negativa, destacando-se a primeira no sentido de buscar a reforma da pessoa sujeita ao cárcere por meio do disciplinamento e a ressocialização como meio de reinserção social (SERRA, 2009, p. 256).

O cenário que se criava na Europa continental também era acompanhado nos Estados Unidos da América, onde a prisão penitenciária passou a ser encarada dentro de um caráter "reabilitador e foi concebida com o objetivo de proporcionar aos condenados condições de refletir sobre seus crimes e, por meio da penitência, remodelar seus hábitos e até mesmo sua alma" (DAVIS, 2020, p. 28).

Rushe e Kichheimer (2004, p. 224) destacam os primeiros discursos humanitários na aplicação das penas que vão surgir especialmente na Inglaterra e na Bélgica do pós 1ª Guerra Mundial, onde "o sistema penal era administrado de acordo com um ponto de vista puramente burocrático, e a falta de sentido no sistema de deportação e nas condições escandalosas dos reformatórios persistiam" (RUSHE; KIRCHHEIMER, 2004, p. 224).

Contudo, o discurso humanista passa a ser o centro das atenções no seio das prisões após o encerramento da 2ª Guerra Mundial. As atrocidades cometidas naquele período foram propulsoras para que os vencedores entendessem a necessidade de buscar a institucionalização de pontos que impedissem o eugenismo e as práticas racistas e deliberadas de punição aplicadas pelo eixo (ANITUA, 2008, p. 538).

Evidentemente que não se pode deixar de lembrar de Cesare de Beccaria em sua clássica obra Dos Delitos e das Penas. Foi o autor que abriu todo o processo de construção de racionalização da aplicação das penas (BATISTA, 2011, p. 39). Entretanto, como o marco da expansão prisional é posterior ao detalhado pelo marquês os discursos nominalmente humanistas também se perpetuam posteriormente ao autor italiano.

O fato é que o pós 2ª Guerra se dispõe como um marco na produção de discursos humanitários na aplicação das penas. Nessa época Gabriel Ignacio Anitua (2008, p. 539) vai especificar que:

> [...] o discurso dos direitos humanos se converteria, igualmente nesse período, no principal corretor do positivismo. Tratava-se, com efeito, de equilibrar a noção de periculosidade com a ideia dos direitos humanos. Essa outra conjunção dos direitos humanos com a criminologia produzida até então tornou-se visível, sobretudo, após o segundo Congresso Internacional de Criminologia, realizado em Paris em 1950.

Em razão do positivismo criminológico ter sido recepcionado amplamente no Brasil sob a batuta de Nina Rodrigues (BATISTA, 2011, p. 46), os mesmos debates promovidos na Europa do pós-guerra também receberiam atenção no seio tupiniquim. Porém, como as correntes e os ventos sempre prejudicam ideologias que favoreçam as minorias, o tema chegou com certo atraso ao direito positivo nacional mantendo o pensamento de Nina Rodrigues ainda por certo tempo.

A própria instituição da prisão chegou ao Brasil em momento posterior ao século XVIII. Enquanto a Europa industrializava-se neste período, as colônias cumpriam suas funções capitalistas dependentes e produziam matérias-primas para o abastecimento daquela. Nas américas, como sobrava terra e mão de obra escravizada, ao contrário de outros locais, a prisão ainda era desnecessária. Por conta disso, o sistema punitivo brasileiro, até meados do século XIX, manteve-se nas mãos dos latifundiários escravistas e distante da centralização estatal que ocorria em nações industrializadas (LEAL, 2018, p. 208-209).

O ponto é que a corrente humanista em debate desde a primeira metade do século XX somente vai desabrochar efetivamente nas paragens coloniais no ano de 1984 por meio da Lei nº 7.210, de 11 de julho daquele ano (CHIES, 2019, p. 112). É a partir do referido dispositivo legislativo que o Brasil inaugura uma aparente preocupação institucional no trato com as pessoas segregadas de liberdade, importando o previdenciarismo penal de Garland (2008, p. 93) "o qual as modernas estruturas da justiça criminal foram primeiramente erigidas em sua forma liberal clássica e, em seguida, orientadas para um programa de ação de cunho correcionalista".

Quando se usa a expressão "aparente" procura-se demonstrar que o mecanismo humanitário residiu (e ainda reside) em sítios formais, distantes da materialidade do cotidiano prisional. As contradições entre discurso e realidade insertas nas dinâmicas prisionais são tão evidentes que o reconhecimento desse espaço enquanto Campo sui generis tem encontrado guarida cada vez maior (CHIES, 2019, p. 111).

Portanto, ainda que as contradições da prisão brasileira remontem ao período imperial, quando em 1824, Dom Pedro I outorga a primeira Constituição brasileira e institucionaliza diversos mecanismos jurídicos e políticos dentro dos cárceres nacionais, é a partir do ano de 1984 com a entrada em vigor da lei nº 7210/84, que se reescreve o modelo programático da execução penal e se fixa efetivamente o ideário humanista, "ressocializador", algo muito distante do cotidiano carcerário (CHIES, 2019, p. 111-112).

2. AS INTERDIÇÕES JUDICIAIS E A CRIAÇÃO DE FEUDOS PRISIONAIS: "O PROBLEMA NÃO É MEU"

A superpopulação e superlotação carcerárias no Brasil não são novidades. Autores como Chies e Almeida (2019) trabalham a questão de forma extremamente contundente e demonstram como tais questões afetam a sociedade brasileira.

Nesse sentido, como o problema da superlotação se totaliza juntamente com a questão criminal e a segurança pública de forma global, ela está longe de ser solucionada de forma específica e pontual em uma única localidade (ZAFFARONI, 2013, p. 06).

Os dados do Departamento Penitenciário Nacional (BRASIL, 2014) demonstram que Santa Catarina, no ano de 2014, possuía um quantitativo prisional de 16.828 presos que se encontravam recolhidos em 46 estabelecimentos penais; já no ano de 2020, o número de reclusos pulou para 22.118 (BRASIL, 2020a), albergados em 52 unidades (BRASIL, 2020b).

Observando-se os números apresentados, percebe-se que significativo aumento do quantitativo de aprisionados segue relativo acompanhamento com a construção de novos estabelecimentos penais, porém, mesmo com tais construções, conclui-se que a criação de novas unidades não consegue acompanhar o crescimento exponencial do número de aprisionados.

Os levantamentos oficiais servem para materializar a inutilidade de alguns ideários políticos defensores da teoria de que a construção de mais estabelecimentos penais resolveria o problema da superpopulação prisional. Isso nada mais é do que "medida custosa e unicamente paliativa, que deixa justamente de enfrentar a natureza estrutural e sistêmica do sistema penitenciário" (ROIG, 2017, p. 584).

Paralelo a isso, a solução que se tem encontrado em algumas comarcas de Santa Catarina tem sido a interdição judicial das unidades prisionais. Na comarca de Araranguá/SC, em análise ao processo n° 0005331-54.2013.8.24.0004 (SANTA CATARINA, 2013), o órgão judicial pondera que a iniciativa da análise se precipitou "[...] por um motim e princípio de incêndio ocorrido no mês de abril de 2013 naquela unidade [...]". Assim, para sustentar a sua decisão, ele discorre que:

> A situação de lotação, número de servidores por preso, salubridade e segurança do local não atendem o mínimo necessário para um tratamento digno aos que lá se encontram cumprindo pena ou aguardando julgamento e para fornecer um mínimo de segurança para os que lá trabalham e de tranquilidade para a população ordeira desta comarca e desta região (SANTA CATARINA, 2013).

Nesse sentido, considerando a segurança do estabelecimento penal e "a tranquilidade para a população ordeira desta comarca", a conclusão ocorre no sentido de "[proibir] o ingresso de novos presos no estabelecimento até que a lotação chegue ao máximo em 200 pessoas, dividida esta quantidade em 150 homens e 50 mulheres (SANTA CATARINA, 2013).

Outro exemplo substancial é a sentença proferida nos autos n° 0001359-08.2014.8.24.0080 (SANTA CATARINA, 2014), onde o juízo da Comarca de Xanxerê analisou pedido de interdição formulado pela Defensoria Pública do Estado de Santa Catarina e reconheceu "[c]ondições péssimas, falta estrutura, falta salubridade, energia, lugar decente para acomodação, enfim indignas para a pessoa humana [...]". Ao contrário do caso de Araranguá/SC, o juízo do oeste do estado ponderou antes da interdição que:

> Nessa hipótese se resolveria quiçá o problema local, mas se agravaria a situação do sistema prisional estadual e não haveria melhora significativa na situação dos presos da comarca, já que eles seriam transferidos para outra unidade prisional também possivelmente superlotada, com a circunstância negativa de se dispor de um estabelecimento penal a menos para abrigar toda a população carcerária catarinense (SANTA CATARINA, 2014).

Portanto, no caso da Ação Civil Pública de Xanxerê, aparentemente, o juízo considera a gestão macro da Questão Penitenciária na avaliação da interdição, contudo, entre os fundamentos humanitários ele considera que a falta de prisão traria:

> "[...] grave colapso à segurança pública local, já que a região não contaria mais com local para destinação dos presos, causando todo uma sorte de problemas quando das prisões em flagrante e cumprimento de mandados de prisão, o que colocaria em risco a própria integridade da população (SANTA CATARINA, 2014).

Logo, sopesando esses argumentos – entre a segurança pública local e a humanidade das penas – o juízo conclui o imbróglio de forma semelhante àquela promovida pelo colega no sul do estado, uma vez que ele decide "[v]edar o ingresso de novos presos provisórios ou definitivos após ser atingida a limitação máxima, excetuando-se, apenas, o ingresso de novos [...] ligados à prática de crimes hediondos ou equiparados, homicídio simples, roubo e violência doméstica (SANTA CATARINA, 2014).

Em Florianópolis, conforme matéria disposta pelo site O Globo (2015) a interdição judicial também ocorreu e também "proibiu o ingresso de mais presos na penitenciária e no presídio da capital", mas também foi silente quanto às providências a serem tomadas em casos de mais aprisionamentos.

Apesar das singularidades pontuais entre as decisões, observa-se que, nos três casos relatados, os fundamentos aparentemente humanistas que interditam os estabelecimentos penais revelam o meandro positivista da segurança social e estão longe de resolver de maneira efetiva o problema. Gestam a questão de forma regionalizada e fecham os olhos para a complexidade da causa que, por ser globalizada, precisa ser remediada de forma diversa da atual.

E este problema destrinchado de forma exemplificativa nas três decisões, se espraia para mais unidades prisionais no Estado. Conforme levantamento realizado pelo Tribunal de Justiça de Santa Catarina e veiculado em "O Globo" em 07/01/2022, 18 estabelecimentos penais do Estado encontravam-se na mesma situação. Conforme a matéria, 01 em cada 03 instituições apresentavam restrições a partir de determinações judiciais.

Isso mostra que, além da superlotação, os problemas das interdições já estão generalizados.

Tomando a liberdade de trazer as declarações prestadas para a matéria jornalística, identificam-se as narrativas apresentadas pelas autoridades. Para o veículo de comunicação, o responsável pela administração das unidades afirmou existir "uma falta de uniformidade nas portarias que fixam um percentual de lotação para cada um dos presídios" (O GLOGO, 2022). Segundo ele, "Isso acaba criando um problema entre as comarcas, inclusive, entre as unidades prisionais", ou seja, o efetivo não abarcado em uma determinada localidade é removido para outra onde não há restrição do juiz responsável.

A matéria ainda demonstra os impactos discutidos no bojo deste texto, demonstrando que, quando os estabelecimentos atingem as capacidades estabelecidas pelos juízes locais, o juiz responsável "concede prazo para transferência do excedente ou não permite ingresso de novos presos até que surjam novas vagas na unidade ante a saída daqueles que já se encontravam na unidade" (O GLOBO, 2022).

Enfrentar os problemas existentes nos estabelecimentos prisionais dessa forma extremamente pontual tem trazido problemas às pessoas virtualmente presas além do número e condições fixadas, porque são esses aprisionados que têm permanecido recolhidos em locais completamente diversos daquela localidade em que suas famílias estão inseridas. Não é por acaso que o artigo 103 da lei nº 7210/84 prevê como direito do preso a permanência "em local próximo ao seu meio social e familiar" (BRASIL, 1984).

Resta evidente neste caso que a dogmática cega constitui cortina de fumaça para a implementação dos verdadeiros interesses do Estado (ANDRADE, 2012, p. 226). No caso das modalidades catarinenses de interdições dos estabelecimentos penais, o guarda-chuva do princípio da humanidade das penas procura esconder o que a realidade expõe: a preocupação positivista com a prevenção do delito e a periculosidade do indivíduo.

Os argumentos apresentados nas decisões citadas mostram isso. Em Araranguá a autoridade constrói o entendimento de que a decisão se fundamenta na "tranquilidade para a população ordeira desta comarca" (SANTA CATARINA, 2014). Esta frase é representativa e demonstra que a preocupação está muito além da humanidade alegada no discurso, pois remonta os mesmos argumentos que no século XIX consolidaram a política carcerária no Brasil que se sustenta até os dias atuais (ANITUA, 2019, p. 201-202

A interdição das unidades vem sendo defendida há muito por autores como Zaffaroni (1986, p. 206) enquanto medida para a garantia dos direitos humanos das pessoas aprisionadas em locais inadequados. Contudo, foge desses argumentos construtivos, a simples atitude judicial de interditar e deixar que a administração prisional se resolva com os excedentes aprisionados.

Quando qualquer instituição se exime da responsabilidade de efetivar o seu papel dentro do Estado, quem sofre as consequências é a população. Há muito Hulsmann (1993, p. 60) tem denunciado as nuances da burocracia estatal. Segundo ele, a burocracia cria mecanismos para dar a impressão de que "ninguém dirige a máquina estatal", ou seja, ninguém é pessoalmente responsável pelos problemas. Infelizmente, o que tem acontecido com os modelos de interdições das unidades prisionais é exatamente isto: ninguém se responsabiliza.

A administração prisional culpa o juiz que prende muito; este por sua vez culpa o legislador que cria leis encarceradoras, o qual retorna a problemática ao judiciário afirmando que ele interpreta não somente as leis, mas a constituição. No meio do debate burocrata, o aprisionado. Eis o teatro onde "ninguém poderia se sentir pessoalmente responsável pelo que aconteceria a esta pessoa" (HULSMANN, 1993, p. 60).

O Supremo Tribunal Federal, por sua vez, teve a oportunidade de encarar a questão, entretanto, findou-se em declarar que o sistema carcerário brasileiro vive um estado de coisas inconstitucional. Na decisão, a

Suprema Corte reconheceu "[...] uma violação generalizada de direitos fundamentais dos presos. As penas privativas de liberdade aplicadas nos presídios acabam sendo penas cruéis e desumanas" (BRASIL, 2015).

Os participantes desse jogo de empurra-empurra também precisam assumir suas responsabilidades. O combate à impessoalidade burocrática denunciada por Hulsmann (1993, p. 60) deve ocorrer com urgência de modo a romper com essa violação sistêmica do fenômeno prisional.

O princípio positivado dentro do modelo da execução da pena brasileira constitui, portanto, em norma de observância obrigatória por todos aqueles que operam no bojo das prisões do Brasil. Contudo, é de bom tom que o escudo da dogmática cega não venha a tornar-se bengala para a promoção de situações práticas suficientes a criar prejuízos ainda maiores ao recluso (ROIG, 2017, p. 35).

Ainda que o discurso humanizador fundamente as ações perpetradas no sentido das interdições dos estabelecimentos penais em Santa Catarina, resta clara a incongruência de tal narrativa com a realidade posta. Nos parece que a ideia é livrar-se pontualmente de um problema que é generalizado, prejudicando tão somente as pessoas que são alvo de tais decisões.

3. UMA PERSPECTIVA REDUTORA DE DANOS

A criminologia crítica a partir de Baratta (2011, p. 200) sugere quatro estratégias para a implementação de uma "nova política criminal". Sem desconsiderar a brevidade deste espaço, destaca-se, portanto, a terceira medida trazida pelo autor italiano que sustenta:

> Uma análise realista e radical das funções efetivamente exercidas pelo cárcere, isto é, uma análise do gênero daquela aqui sumariamente traçada, a consciência do fracasso histórico desta instituição para os fins de controle da criminalidade e de reinserção do desviante na sociedade, do influxo não só no processo de marginalização de indivíduos isolados, mas também no esmagamento de setores marginais da classe operária [...] (BARATTA, 2011, 203).

O diálogo com as perspectivas minimalistas auxilia no enfrentamento diário a essas enfermidades promovidas pelo sistema penal seletivo brasileiro. Como ferramentas de atenção aos direitos humanos e demais ações do sistema de justiça encarcerador, reproduzem entendimentos "para avançar em busca de modelos não violentos de controle, ou simplesmente para afirmar que certas condutas não necessitam constituir objeto de controle social e penal" (ANDRADE, 2012, p. 270).

Longe de encontrar medidas simples para problemas como a superlotação carcerária, Zaffaroni (2013, p. 291) propõe uma "criminologia cautelar preventiva de massacres" (ZAFFARONI, 2013, p. 291). Trata-se de uma perspectiva que se alinha aos conceitos de Herrera Flores (2009), porém, como o debate sobre Direitos Humanos, por vezes se torna generalizado e não consegue alcançar demandas específicas de áreas criminais, apesar da vivacidade do diálogo entre elas, a criminologia cautelar apresentada por Zaffaroni (2013, p. 291) conduz os estudos a uma seara mais específica suficiente a operacionalizar a política de segurança pública.

É nesse sentido que Rodrigo Duque Estrada Roig (2017, p. 30) analisa a execução das penas privativas de liberdade de uma forma que dialoga com os conceitos de dignidade humana apresentados por Herrera Flores (2009) e pela criminologia de Zaffaroni (2013). Estrada parte de uma interpretação teleológica da execução penal que, apesar de direcionada pela lei nº 7.210/84, não se restringe em absoluto ao código penitenciário. Nessa apertadíssima síntese sobre o tema, Roig constrói toda a sua obra doutrinária a partir dessa forma de pensar que ele denomina como "Teoria Redutora de Danos da Execução Penal" (2017, p. 28) que consiste:

> [...] [na] existência de um autêntico dever jurídico-constitucional de redução do sofrimento e da vulnerabilidade das pessoas encarceradas, sejam elas condenadas ou não. O cumprimento de tal dever, sobretudo dos juristas e agências jurídicas, é o grande norte interpretativo e de aplicação normativa da execução penal. Se de fato a execução da pena é a região mais obscura, mas a mais transparente do poder punitivo, onde a tensão entre o estado de polícia e o estado de direito evidencia o conflito entre o poder punitivo e poder jurídico, é por afirmação deste que se esvaziarão os danos causados por aquele (ROIG, 2017, p. 28).

Resta evidente que medidas redutoras de danos precisam ser tomadas no combate as superlotações prisionais. Contudo, as narrativas dispostas pelas interdições judiciais de Santa Catarina estão longe de esgotarem tais políticas. É fato que Zaffaroni, por exemplo, encontra na interdição dos estabelecimentos penais uma solução para o saneamento da superlotação. Entretanto, o mesmo professor argentino sustenta que a partir da decisão, a autoridade deveria manter-se obrigada com a situação das pessoas submetidas a tais situações e colocá-las imediatamente em liberdade (ZAFFARONI, 1986, p. 206).

Somente com o entendimento da política de encarceramento em sua totalidade, chegar-se-á dentro de uma perspectiva redutora de danos. É nessa seara que se interpretam os direitos humanos das pessoas aprisionadas e, a partir disso, são encontradas as medidas que deságuam na reprodução do desencarceramento, especialmente em locais onde a violação de direitos é ainda mais latente (CHIES, 2019, p. 130).

Propõe-se, nesse espectro, partir do ponto de vista que privilegia o "fazer humano" e "não em mistificações, tais como a astúcia da razão ou a mão invisível" (HERRERA FLORES, 2009, p. 200). Nesse sentido a questão criminal deve ser pensada a partir de um contexto globalizado na forma apresentada por Zaffaroni (2013, p. 06). Pensar o contrário, como se tem feito com as dinâmicas prisionais, segundo o autor, é "olharmos as peças sem compreender as jogadas do tabuleiro de um xadrez macabro, no qual se joga, em definitivo o destino de todos" (ZAFFARONI, 2013, p. 06).

Essa metáfora explica a seriedade da questão. Infelizmente poucos operadores dos sistemas de justiça criminal se atentam para a generalidade do fenômeno (ZAFFARONI, 2013, p. 06) e isso se reproduz em mais arbitrariedade. Não enxergando o cenário expandido e adotando medidas regionalizadas que fogem da verdadeira matriz globalizada da celeuma, os operadores esvaziam a possibilidade de solução da problemática e dificultam qualquer programática humanista.

Partindo dessas premissas, soa de bom tom que os personagens envoltos na segurança pública observem ao postulado elaborado pela melhor doutrina. Infelizmente, o que acontece com as modalidades de interdições aplicadas aos estabelecimentos penais de Santa Catarina é exatamente o contrário. Com perspectivas puramente dogmáticas do princípio da humanidade da pena, essas medidas são focadas tão somente em "resolver" os problemas locais de superlotação prisional, distanciando-se daquilo que é apontado por Zaffaroni (2013, p. 07) e Andrade (2012, p. 226) há tempos.

Neste ponto é impossível não se referenciar a Chies (2019, p. 115)

> Dinâmicas e negociações administrativas, jurídico-judiciais, interpretações de regras e normas (inclusive através de correntes jurisprudenciais) e recursos materiais e simbólicos passam a ser passíveis de serem estrategicamente dinamizados e capitalizados para que os atores e sujeitos obtenham

parcelas de lucros específicos e que se traduzem como "ampliar/limitar a liberdade", "fazer ressocializar, deixar sofrer".

A burocracia estatal denunciada por Hullsmann (1993, p. 60) que se especializa a partir dos finais do Século XVIII infelizmente ainda serve de escudo para a impessoalização generalizada dos problemas que envolvem uma série de dinâmicas relacionadas à Questão Penitenciária, como o caso da superlotação prisional.

Desenvolver uma cultura de inclusão que privilegie os direitos das pessoas aprisionadas é a sustentação básica da democracia. Por isso, ações nesse sentido, quando tomadas, repercutem de diversas formas positivas no seio de uma sociedade tão emaranhada quanto a brasileira (CHIES, 2019, p. 118).

Contudo, ao largo dessa perspectiva inclusiva, a análise dos direitos das pessoas não se prende a conceitos puramente dogmáticos e sem juízo crítico das situações que se avizinham (ANDRADE, 2012, p. 231). A atuação é maior do que isso. Parte de uma conduta consciente sobre o complexo da Questão Penitenciária e a política de encarceramento emergente das legislações infraconstitucionais que não acompanham as conquistas humanitárias adquiridas após anos a fio em uma guerra distante do seu fim (ROIG, 2017, p. 34-35).

> Estamos diante da fragilidade e da crise destes mecanismos (legislativo, executivo, sistema representativo) e da capacidade estatal de resolver problemas pela via democrática e a consequente transformação da política em política-espetáculo, com a produção de um repertório de respostas ilusórias aos problemas, nas quais o Direito Penal e a criminalização (primária) ascendem à principal resposta (ANDRADE, 2012, p. 239).

A dogmática que interpreta restritivamente a Questão Penitenciária (CHIES, 2019) e conduz a situações contraditórias sob o manto do princípio da humanidade da pena, como ocorre nas interdições catarinenses, por vezes transborda naquilo que Vera Pereira Malaguti Batista (2011, p. 106) denominou "utilitarismo penal reformado".

É nesse sentido que Herrera Flores (2009, p. 92) trabalha:

> O problema, como denunciamos neste texto, é mais profundo, pois refere-se à racionalidade que está na base da ideologia jurídica e política hegemônica, predominantemente neoliberal e neoconservadora. Dessa perspectiva tradicional justifica-se o (des)cumprimento dos direitos humanos no mundo utilizando indicadores que fixam as liberdades individuais e o Estado formal de direito acima dos direitos sociais e do Estado social de direito.

Por isso, pensar a Questão Penitenciária (CHIES, 2019, p. 111) dentro de sua totalidade fundada em uma perspectiva de direitos humanos que foge da dogmática cega e os interpreta "um compromisso humano" (HERRERA FLORES, 2009, p. 72) constrói práticas que não deságuam no contrassenso existente no seio da realidade prisional, especificamente no contexto das interdições judiciais em Santa Catarina.

O modelo das interdições dos estabelecimentos penais de Santa Catarina demonstra como a preocupação com o controle social, a prevenção criminal e outras perspectivas etiológicas podem se esconder atrás dos fundamentos humanistas que tentam sustentar.

O crescimento exponencial do número de detentos ilustra o processo de encarceramento em massa em curso e demonstra que seria impossível ao Estado acompanhar a construção de novas unidades a partir do avanço dos números.

Jogar o problema para o lado do vizinho não o soluciona. Esconde!

Ao operador do direito é dado observar a generalidade da situação e entender a sociedade em que ele se insere. Compreender o projeto de encarceramento em massa a partir do entendimento crítico dos direitos humanos para então produzir ações que privilegiem a efetivação empírica dos direitos humanos constitui o meio necessário para a solução de problemas como o apresentado.

Por isso, ferramentas redutoras de danos para a resolução de eventos que a dogmática jurídica é incapaz de fazê-lo são imprescindíveis. Com esse entendimento crítico as interdições das unidades prisionais poderão ser observadas de outra forma. Somente com a fixação judicial e o declínio da responsabilidade com o excedente proveniente da limitação à administração prisional não soluciona a questão.

É necessário ir além. Assumir a responsabilidade pelos equívocos do sistema e compreender que o preso, a família e a comunidade não são os responsáveis pela inércia do Estado que legisla, julga e administra mal.

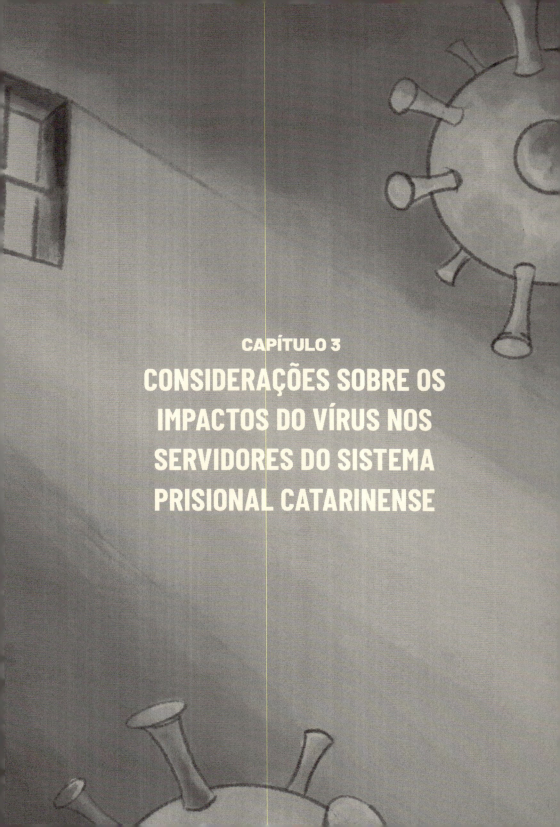

CAPÍTULO 3
CONSIDERAÇÕES SOBRE OS IMPACTOS DO VÍRUS NOS SERVIDORES DO SISTEMA PRISIONAL CATARINENSE

A PRODUÇÃO ACADÊMICA SOBRE OS IMPACTOS DA PANDEMIA DA COVID-19 vive as temperaturas do momento. Pesquisadores de várias áreas estão dedicados a compreender o fenômeno e apresentar, quando possível, soluções ao problema. Evidentemente que após o término de uma das maiores crises humanitárias desses tempos, com a vantagem do distanciamento, as pesquisas continuarão a ocorrer, mas de forma um pouco diferente da urgência que os dias atuais têm exigido da academia.

Os estudos referentes ao sistema prisional não têm sido diferentes. Muitos pesquisadores discutem sobre os impactos da COVID-19 nas populações carcerárias. O editorial 2021 da revista Eletrônica da Faculdade de Direito da Universidade Federal de Pelotas (UFPel), por exemplo, ao tratar sobre "Prisões, dano social e contextos contemporâneos" (ALMEIDA; PIMENTEL; CACIEDO, 2021) discute exatamente sobre a crise sanitária, prisões e enfrentamentos, a serem perpetrados nessa área tão complexa na sociedade brasileira como a prisão.

Por outro lado, através do artigo "Prisionalização e sofrimento dos agentes penitenciários: fragmentos de uma pesquisa" Chies, Barros, Lopes e Oliveira (2005) afirmam que os servidores do sistema penitenciário formam um grupo de pessoas que eles denominaram "encarcerados sem pena". A nomenclatura surge a partir de pesquisa realizada entre os servidores do Presídio Regional de Pelotas, onde os autores constataram que o grupo de trabalhadores daquele estabelecimento penal apresentou mudanças de comportamento, o que os autores denominaram "prisionalização".

Embora a publicação tenha sido restrita à prisão da região sul do Estado do Rio Grande do Sul, ela fundamenta uma amostragem interessante para outras pesquisas porque demonstra que os servidores do sistema prisional sofrem os efeitos da prisionalização e, diante disso, absorvem o sofrimento do cárcere ao se sujeitam ao "encarceramento sem pena" (Chies, Barros, Lopes, Oliveira, 2005).

Esses e outros estudos servem como molas propulsoras para o presente artigo que objetiva compreender os impactos da COVID-19 sob a categoria de trabalhadores/reclusos do Estado de Santa Catarina durante os anos de 2020/2021. A partir disso, dialoga-se com os desafios metodológicos da pesquisa na prisão com o vírus, demonstra-se que a carreira modifica e a prisão é a mesma e, por fim, evidencia-se o acirramento do dinamismo da prisionização com o vírus.

Com base, sobretudo nos atos administrativos expedidos pela Secretaria de Estado da Administração Prisional e Socioeducativa do referido estado da federação e nos dados apresentados pela instituição pública e demais órgãos, a exposição problematiza: de que forma a pandemia do COVID-19 impactou os servidores penitenciários? A partir disso, a hipótese de que as modificações da dinâmica e das rotinas prisionais causadas pela COVID-19 acirraram o fenômeno da prisionalização dos servidores do sistema prisional catarinense.

1. O CÁRCERE COMO DEPÓSITO DE ESQUECIDOS

Para se compreender a dinâmica do funcionamento atual do cárcere e os seus impactos na sociedade brasileira e catarinense, urge recobrar o processo de formação do dispositivo prisional no mundo e no Brasil.

A prisão como punição se coloca em um determinado momento da sociedade ocidental. Ainda na Idade Média não se reverberava um sistema de punição homogêneo, porquanto a partir do estrato social do acusado e a ação praticada, a punição poderia partir desde um suplício até o pagamento de indenização ou fiança (Rushe; Kirchheimer, 2004, p. 23). O ponto é que o temor da pena capital por meios tortuosos sinalizou debates a respeito da humanização das penas ainda neste período (FOUCAULT, 2014, p. 13).

Como tantas outras áreas da sociedade, os mecanismos de controle social sofreram impacto direto dos processos revolucionários burgueses ocorridos no ocidente no século XVII. As teorias criadas antes, durante e após as revoluções caracterizam o processo de inversão catedrática na forma de dialogar com a sociedade a partir da condição dos autores iluministas dentro do segmento político da sociedade.

Isso porque, na Europa continental do século XVIII, por exemplo, avança "[...] um processo histórico vigoroso de ruptura, liberalização e criatividade que deslocaria a cultura jurídica como instrumento a serviço do despotismo esclarecido para expressar o ideário liberal-individualista e constitucional" (WOLKMER, 2019, p. 158). E no que se refere ao controle social, Cesare Bonesana (1738-1794) – ou marquês de Beccaria -, através do livro Dos delitos e das penas, demonstra que a burguesia, ainda aspirante ao poder, discute ferramentas de limitação do punitivismo medieval, exigindo humanismo na forma de aplicação das penas de então (ANITUA, 2008. p. 160).

Nesse sentido, o controle social acompanha a modificação da cultura jurídica e as teorias iluministas. Diante dos argumentos contrários às punições medievais, a prisão, até então relegada à condição de coadjuvante dentro do espectro repressor, constitui-se como principal ferramenta de punição.

Com o tempo, ela consegue adquirir ainda mais destaque por conta da existência - especialmente na sociedade do fim do século XVIII - de uma grande massa de desvalidos que não conseguia ser amortizada pelo sistema de capital.

Dessa forma, o encarceramento surge como solução porque interrompe o modelo dos suplícios públicos do Ancien Régim ao mesmo tempo que controla uma significativa parcela de pessoas não amortizadas no novo modelo de sociedade (ZAFFARONI, 2013, p. 61).

O fenômeno da promoção do encarceramento, conforme contextualização de Melossi e Pavarini (2006, p. 36), relaciona-se com o avanço da industrialização das sociedades e, por conta disso, não ocorre de forma homogênea no mundo ocidental. A criação das chamadas *houses of correction* que surgem na Inglaterra ainda do século XVI - ou seja, antes mesmo das revoluções burguesas na Europa continental – é prova da formação heterogênea da prisão. Na ilha britânica, os trabalhadores do campo desempregados exsurgem nas cidades como desgraçados e mendigos e o rei autoriza o castelo de Bridewell para acolhimento dessa massa desvalidos (MELOSSI; PAVARINI, 2006, p. 36).

O objetivo desses locais, conforme Melossi e Pavarini (2006, p. 36):

> [...] era reformar os internos através do trabalho obrigatório e da disciplina. Além disso, ela deveria desencorajar outras pessoas a seguirem o caminho da vagabundagem e do ócio, e assegurar o próprio auto-sustento através do trabalho, a sua principal meta (MELOSSI; PAVARINI, 2006, p. 36).

A crítica desses autores, portanto, vai além da ideia de exclusão das massas de miseráveis, mas sim habilitar a massa camponesa desprovida de seu habitat a outro tipo de linha de produção (MELOSSI; PAVARINI, 2006, p. 36).

A chegada da instituição da prisão ao Brasil tem sua característica própria. Ela se estrutura no país de forma tardia em relação a grande maioria dos países ocidentais por conta da escravização institucionalizada ainda existente no século XIX. O sistema punitivo brasileiro, até início do século XIX, manteve-se hegemonicamente nas mãos dos latifundiários escravistas e distante da centralização estatal que ocorria em nações industrializadas (LEAL, 2018, p. 208-209) porque, como a escravização cumpria, e muito bem, o papel de dominação desses segmentos populacionais para a produção de riqueza, a prisão como instrumento para tanto ainda não era necessária (SERRA, 2009, p.178).

A questão penitenciária brasileira então se avoluma após a abolição formal da escravização do fim do século em referência. A grande massa de pessoas libertas do controle latifundiário escravista dirige-se aos centros urbanos. Trata-se de uma quantidade enorme de corpos jogada no seio social sem qualquer tipo de acolhimento e isso preocupa as autoridades que se ocupam em buscar meios para contenção dessas massas.

Nesses eventos sucessivos e não ocasionais, o casamento entre o positivismo - enquanto teoria - e a prisão - como meio de controle social – encontram-se na hora marcada (ANITUA, 2008, p. 353) e, a partir de então, surgem as primeiras Casas de Correção (SERRA, 2009, p. 179).

Portanto, a desigualdade provocada pela não absorção dessas camadas sociais seriam as causas das ocorrências criminais nas cidades, caracterizando a perspectivas de integração da prisão na sociedade brasileira (ANITUA, 2008, p. 409-410).

Foucault (2010, p. 32) coloca que na virada social ocorrida com a queda do absolutismo e a ascensão burguesa ao poder, exsurgiu uma nova ferramenta que se tornou basilar para a implementação do capitalismo industrial: o poder disciplinar. Segundo ele "[...] as disciplinas vão trazer um discurso que será o da regra; não o da regra jurídica derivada da soberania, mas o da regra natural, isto é, da norma" (FOUCAULT, 2010, p. 33).

> Se a decolagem econômica do Ocidente começou com os processos que permitiram a acumulação do capital, pode-se dizer, talvez, que os métodos para gerir a acumulação dos homens permitiram uma decolagem política em relação a formas de poder tradicionais, rituais, dispendiosas, violentas e que logo caídas em desuso, foram substituídas por uma tecnologia minu-

ciosa e calculada da sujeição. Na verdade, os dois processos, a acumulação de homens e acumulação de capital, não podem ser separados; não teria sido possível resolver o problema da acumulação de homens sem o crescimento de um aparelho de produção capaz ao mesmo tempo de mantê-los e de utilizá-los; inversamente, as técnicas que tornam útil a multiplicidade cumulativa de homens aceleram o movimento de acumulação de capital (FOUCAULT, 2014, p. 211).

Com a queda do absolutismo a burguesia encontrou no modelo de sociedade disciplinar uma ferramenta eficiente de controle e adestramento da população em direção aos fins que a nova sociedade se propõe (FOUCAULT, 2014, p. 214). Nesse sentido, para Foucault (2014, p. 208) a prisão, enquanto instituição "completa e austera", se hegemonizou dentro da sociedade dos séculos XVIII e XIX como ferramenta importante para a implementação dos objetivos burgueses de disciplinamento das pessoas (FOUCAULT, 2014, p. 223).

Para além da qualificação que Foucault (2014) descreve para a prisão, Goffman (2015, p 16) demonstra o contorno dessas instituições basilares para a sociedade disciplinar a partir do conceito de instituição total. Segundo ele:

> Quando resenhamos as diferentes instituições de nossa sociedade ocidental, verificamos que algumas são muito mais "fechadas" do que outras. Seu "fechamento" ou seu caráter total é simbolizado pela barreira à relação social com o mundo externo e por proibições à saída que muitas vezes estão incluídas no esquema físico – por exemplo, portas fechadas, paredes altas, arame farpado, fossos, água, florestas ou pântanos (GOFFMAN, 2015, p. 16).

A lógica da prisão, portanto, é esconder-se da sociedade em que ela se insere. A sua essência é o retraimento social. Enquanto instrumento de punição utilitária, ela se hegemonizou como ferramenta de controle social porque conseguiu albergar uma ótima simbiose entre o discurso iluminista e a realidade impositiva. Substituindo o modelo punitivo da Idade Média que se caracterizava, entre outras singularidades, pela publicidade dos castigos, o cárcere foi colocado como um meio de controle social extremamente reservado e eficaz (FOUCAULT, 2014, p. 229).

Como instituição fechada, o cárcere invisibiliza as pessoas que se colocam dentro desse organismo. E essa necessidade bem destacada por Foucault (2014) e Goffman (2015) traz consequências não somente aqueles privados de liberdade, mas também os funcionários da prisão (CHIES, 2005).

2. A CARREIRA MODIFICA E A PRISIONALIZAÇÃO CONTINUA

O corpo de pessoas responsáveis pela execução das penas fixadas por determinada autoridade remonta a séculos anteriores ao presente. Michel Foucault (2014, p. 15) demonstra que ao longo do tempo, diante de alguns entraves ocasionados pelo acúmulo das funções de aplicar e executar as penas em uma única autoridade, ocorreram transtornos a burocracia criminal, o que gerou um processo de "terceirização" das atividades de cumprir as penalidades.

O objetivo de tal manobra, portanto, seria impessoalizar a execução das penas e retirá-la do sistema formal de justiça, tornando-a mais executiva. O fato é que a manobra somente retirou essa responsabilidade das autoridades responsáveis pelo julgamento e personalizou em um terceiro incumbido exclusivamente para tanto. É a partir de então que nasce uma relação antagônica entre o executor "responsável" pelo sistema e o executado que se perpetua até os dias atuais (FOUCAULT, 2014, p. 15).

Recentemente a estrutura funcional das carreiras dos profissionais incumbidos da segurança dos estabelecimentos penais, diga-se os responsáveis pela execução no Brasil, sofreu modificação jurídico-administrativa. A Emenda Constitucional nº 104/2019, instituiu o órgão das polícias penais às quais "cabe a segurança dos estabelecimentos penais" (BRASIL, 2019). Criando esse órgão dentro da segurança pública nacional, o constituinte derivado ainda fixou que a polícia penal seria, portanto, constituída por concurso público específico e "por meio da transformação dos cargos isolados, dos cargos de carreira dos atuais agentes penitenciários e dos cargos públicos equivalentes", de modo que, ainda conforme o documento, cabe aos estados promover a organização dessas estruturas policiais nas respectivas unidades da federação (BRASIL, 2019).

Cumprindo a determinação constitucional, o estado de Santa Catarina vem promovendo as modificações e realizando a estruturação dessa instituição, responsável pela segurança dos estabelecimentos penais. A Emenda à Constituição do Estado de Santa Catarina nº 80, de 18 de dezembro de 2020, alterou o documento e instituiu a Polícia Penal do Estado de Santa Catarina, transformando, conforme artigo 3º da referida emenda, os cargos dos então agentes penitenciários que já possuíam essa responsabilidade (SANTA CATARINA, 2020a).

Na mesma sequência, já neste ano de 2021, por meio da Lei Complementar nº 774, de 27 de outubro de 2021, o estado da federação dispôs sobre o estatuto jurídico do novo órgão criado (SANTA CATARINA, 2021).

Assim, acompanhando as modificações legislativas, observa-se que os mesmos profissionais incumbidos da segurança dos estabelecimentos penais antes da instituição da Polícia Penal, continuam com os mesmos deveres no interior da prisão. Por isso, os argumentos e pesquisas utilizados aos profissionais, nos dizeres de Thompson (1980, p. 46) "da guarda" estendem-se aos policiais penais.

Falando em Augusto Thompson, necessário se faz registrar a importância da obra A Questão Penitenciária (1980), para se compreender as dinâmicas das prisões brasileira. A singularidade da prisão que vai desaguar na produção em conhecimentos específicos no futuro por autores como Chies (2019) pode ser visualizada de forma importante em Thompson.

Quando o autor, nos idos da década de 1970, destrincha a sociabilidade das prisões brasileiras a partir de pesquisas e vivências nos ambientes carcerários, desnuda a peculiaridade dos estabelecimentos penais brasileiros. Para ele "[...] cadeia não é uma miniatura da sociedade livre, mas um sistema peculiar, cuja característica principal, o poder, autoriza a qualificá-lo como um sistema de poder" (THOMPSON, 1980, p. 19).

Como se visualiza na obra, outros pesquisadores já se debruçavam sobre a complexidade das prisões brasileiras (THOMPSON, 1980, p. 19), mesmo porque, como alerta Chies (2019, p. 26), a questão penitenciária remonta ao início do Estado brasileiro na primeira constituição do Império de Dom Pedro I. Contudo, chama a atenção a precisão e ao mesmo tempo a atualidade das questões abordadas por Augusto Thompson, quando o professor desnuda as interações sociais existentes no interior das prisões brasileiras. Ao fixar grupos lastreados dentro das relações de poder, criando verdadeiros personagens, demonstra um campo muito importante a ser estudado pelas ciências sociais (THOMPSON, 1980, p. 19).

Por isso que diante da singularidade de um modelo que discursa pelo Poder Disciplinar, mas se revela como expressão genuína do Poder Soberano, demonstrado pela sua própria ambiguidade que se deve buscar a superação dos obstáculos epistemológicos existentes quando se estuda a prisão e suas relações. Sob esses e outros motivos, Chies (2019, p. 111) sugere a Questão Penitenciária como Campo sui generis de pesquisa.

A partir daí, aprofundando-se no Campo, observa-se que a burocratização da prisão distribui as atividades administrativas de tal forma que ela instrumentaliza as relações de poder, direcionando a socialização desses espaços. A ordem disciplinar coloca ao "guarda" o controle direto e imediato sob a massa carcerária cabendo-lhe promover as denúncias sobre eventuais ilegalidades avistadas que devem ser julgadas pelo diretor da prisão (THOMPSON, p. 17).

Apesar da relativa produção sobre a situação dos servidores do sistema prisional dentro das prisões, Chies (2005), já citado neste trabalho, abre as portas para promover interessante debate a respeito do tema. "Prisionalização e sofrimento dos agentes penitenciários: fragmentos de uma pesquisa", consiste em um artigo produzido que interpreta dados extraídos em uma pesquisa elaborada entre os servidores do Presídio Regional de Pelotas.

Além da importante contribuição dos números extraídos, o texto enxerga a mudança de comportamento (prisionalização) desses profissionais que lidam diariamente com o cárcere. A conclusão do estudo merece a referência:

> Para mais além do desvelar da prisionalização do agente penitenciário, o que também entendemos que esta pesquisa nos permitiu descortinar – ainda que de forma inicial e, portanto preliminar (a requerer aprofundamentos) - foi a existência de outra (ou, mais uma) "perversidade do Sistema Punitivo Penitenciário (capitaneado pelo Estado Moderno), ou seja: o encarceramento "sem pena" – seja na acepção jurídico-legal de punição formal, seja mesmo no seu significado de piedade e compaixão – inclusive daqueles que se expõe para ao próprio Estado servir (CHIES; BARROS; LOPES; OLIVEIRA, 2005).

Portanto, os efeitos do cárcere impactam a todos que participam da sociabilização complexa da prisão. Andrade (2013) discorre exatamente sobre isso, afirmando que esses servidores "[...] suportam diretamente o cotidiano violento das prisões [...]", reiterando que a atividade desempenhada os coloca em um processo de estigmatização social, figurado através de um papel contraditório na sociedade, associado, sobretudo, a atividade da truculência (ANDRADE, 2013).

Ao largo dessas pontualidades trazida com propriedade pelas inúmeras pesquisas sobre o tema, não se pode deixar de considerar que, no Brasil, existem 27 unidades da federação – e mais o Departamento Penitenciário Nacional – que administram os respectivos sistemas penitenciários. A compreensão desse organismo heterogêneo é necessária quando se abordam pesquisas sobre o tema, porque cada uma dessas unidades administra um sistema que se diferencia dos demais e, por isso, precisa ser analisado de forma pontual (CHIES; ALMEIDA, 2019).

O sistema prisional catarinense não é diferente. Contudo, realizando-se um esforço indutivo sob a pesquisa de Chies; Barros; Lopes e Oliveira (2005). as considerações de Thompson (1980) e importando-as de forma responsável à realidade prisional barriga verde, é possível trazer contribuições importantes para a Questão Penitenciária catarinense.

O modelo prisional do lado norte do rio Mampituba caracteriza-se pela preocupação com a disciplina da prisão de forma sistemática. Essa observação pode ser ilustrada através da Instrução Normativa nº 001, de 12 de dezembro de 2019, que dispõe sobre os procedimentos operacionais de segurança das unidades prisionais do estado e, conforme disposição do artigo 1º, vislumbra como objetivo central executar e padronizar os procedimentos operacionais de segurança do estado (SANTA CATARINA, 2019).

Longe de querer esgotar o documento com mais de quatrocentos artigos, o que se pode extrair desse emaranhado de regulamentações disciplinares é que a cobrança sobre o cumprimento dessas diretrizes de segurança recai na figura desses servidores do sistema penitenciário, constituindo isto, um dos fatores que contribuem para a prisionalização dos servidores do sistema penitenciário de Santa Catarina.

Diante dessas determinações, o servidor ou "o guarda" vive no limbo descrito com autoridade por Thompson (1980):

> Se o guarda cumpre as regras severamente, é diagnosticado como mau, perseguidor, complexados, pela massa carcerária, que procurará perturbar-lhe ou. pelos menos, não lhe facilitar o desempenho das tarefas; a direção considerá-lo-á inadaptado ao seu papel, e classificará seu comportamento de inconveniente. Se afrouxar na exigência de estrita obediência ao multimodo quadro de normas regulamentares, será tido como relapso, como infrator da ordem de que é o representante oficial. E, nesse caso, com uma consequência da maior importância: rompe-se a linha que separa o "desonrado" interno do "honrado" guarda, ambos concluindo que este

não é melhor que aquele ou, no mínimo, que o funcionário não é uma figura irrepreensível (THOMPSON, 1980, p. 48)

Desse contato diário que o sistema de controle e disciplina se totaliza, além das pessoas sujeitas a pena privativa de liberdade, os operadores, guardas, agentes penitenciários, carcereiros e, longe de esgotar as nomenclaturas, os policiais penais, enquanto conglomerados de "encarcerados sem pena" Chies (2005) sofrem, independente do nome que recebam, com a prisionalização.

3. O AVANÇO DO VÍRUS DEMONSTRA O DINAMISMO DA PRISIONALIZAÇÃO

Entre tantas dificuldades trazidas pela pandemia do COVID-19 pode-se destacar a falta ou nenhuma existência de dados sobre o número de contágios e mortes trazidos pelas autoridades federais. A partir dessa dificuldade, conforme reportagem do Portal G1 (2020) um grupo de veículos de imprensa se movimentou e criou um consórcio com o objetivo de fornecer elementos para que a população tenha conhecimento dos números relacionados a doença.

Por outro lado, a singularidade das prisões brasileiras caracteriza a pesquisa no campo penitenciário de uma tal forma que o cuidado com a metodologia empregada constitui elemento importante para os procedimentos de campo, porque a totalidade das instituições carcerárias, pela sua própria essência, dificulta que essas estruturas fornecem informações ao público geral (GOFFMAN, 2015, p. 16). Isso porque, afirma Leal (2021):

> [...] a privação da liberdade proporcionou que esse sofrimento fosse escondido e ficasse longe dos olhos e dos sentimentos públicos, não ativando, então, o sentimento de indignação e não atingindo a sensibilidade sociocultural acerca da violência.

O texto de Silvério e Dias (2021) demonstra a oportunidade do debate. Ao longo da caracterização total intrínseca da prisão, a circulação de informação também é dificultada por uma burocracia penitenciarista que, infelizmente, encobre as dinâmicas prisionais e os problemas decorrentes dela. Por isso, o acesso a informações nestes locais é restrito e, portanto, valioso.

Diante desses entraves, quando se observam a maioria das pesquisas realizadas no campo penitenciário, extrai-se que grande parte delas se sustenta em informações mais abrangentes, retiradas de sítios oficiais como do Departamento Penitenciário Nacional, o que pode reverberar em uma falta de exatidão dos estudos perpetrados no Campo (SILVÉRIO; DIAS, 2021).

Apesar disso, é inegável o avanço das tecnologias e as inúmeras pesquisas realizadas nesse campo tem contribuído para que as instituições se preocupem cada vez mais em captar as informações e compartilhá-las com a sociedade. Embora tal cuidado dos órgãos responsáveis seja visualizado de forma positiva, evidentemente que o cuidado com os dados oficiais ainda permeia o pesquisador neste campo (CHIES; ALMEIDA, 2019).

Dessa forma, como se não bastassem os entraves inerentes a própria austeridade da prisão descrita por Foucault (2014), as imersões decorrentes do isolamento social provocado com o advento da pandemia da COVID-19 contribuíram ainda mais para o acirramento dessas questões, fato este que tem exigido das pesquisas uma dinâmica diferente da usual que tem se pautado principalmente pelo acesso às informações trazidas pelas autoridades constituídas.

Ao arrepio de todas essas considerações, a Secretaria de Estado da Administração Prisional e Socioeducativa criou em sua página oficial um espaço com o nome "ações de combate à pandemia" (SANTA CATARINA, 2021b), por meio desse sítio, o órgão estatal divulga, desde o início da pandemia, boletins semanais e diários sobre o número de infecções e mortes pela COVID-19, entre outras informações como medidas tomadas no curso desse período, notas oficiais sobre as ações etc.

Extraindo como objeto de análise o boletim publicado no dia 03/11/2021, observa-se que entre os servidores, o número de infecções chegou, naquela data, em 1733 casos confirmados a partir da realização de 7.416 testes. Entre os casos confirmados, 9 servidores tiveram seus óbitos confirmados pela doença de um total de 17 que, neste caso último, inclui as pessoas privadas de liberdade (SANTA CATARINA, 2021c).

Como dito, é evidente que os dados oficiais, por si só, não são suficientes a materializar um juízo de confirmação sobre as ações de combate a pandemia nas prisões. O número de subnotificações foi (e ainda é) um problema enfrentado quando se discutem os quantitativos relacionados ao COVID-19. Contudo, não se pode deixar de consignar o cuidado com que o órgão prisional teve com a apresentação das informações, algo que na discussão apresentada neste texto, merece o registro.

Feitas essas considerações, observa-se que os dados apresentados pelo órgão demonstram que o número de infecções e mortes entre servidores do sistema e pessoas privadas de liberdade é muito semelhante. Quantificando em porcentagens esses números, evidentemente que o percentual entre os primeiros será superior, porém, evitando celeumas fora do objeto deste trabalho, salienta-se que esses quantitativos materializam exatamente aquilo que Chies (2005) defende quando trata sobre a prisionização: de uma forma ou de outra, ela impacta a todos os personagens, indiscriminadamente.

Ao largo dos números alarmantes, a carga de trabalho sofreu profundos impactos durante o momento de crise. Entre 18/03/2020 e 17/05/2021, a Secretaria de Estado da Administração Prisional e Socioeducativa (SAP) expediu 54 portarias que modificaram uma série de atividades no interior das prisões catarinenses (SANTA CATARINA, 2020b; SANTA CATARINA, 2021b). Dessa forma, não bastassem as regras ordinárias de segurança elaborada pela Instrução Normativa nº 001, de 12 de dezembro de 2019 pré-existentes a pandemia, os servidores se viram na condição de impactados não somente pelos números de contágio e morte pelo vírus, mas também por um recrudescimento das atividades de disciplina no interior da prisão (SANTA CATARINA, 2019)

Além das modificações no interior da prisão que pesaram na carga de trabalho, os servidores do sistema prisional, através da "Portaria nº 204/GABS/SAP" foram ordenados a se manterem em estado de prontidão durante o curso da pandemia e, na forma da "Portaria nº 205/GABS/SAP" tiveram seus benefícios (férias e licenças prêmio) suspensas no período (SANTA CATARINA, 2020b).

Portanto, a totalidade dos impactos é extremamente relevante. O número de infecções e mortes, a modificação da rotina da prisão e a suspensão das férias e licenças transformaram a vida (ou a vida em morte) desses trabalhadores. Somaram forças ao fardo ordinário da prisão, transformando a prisionização em situações até então não visualizadas.

Deve-se registrar que esses efeitos não passaram desapercebidos pela administração central. A Secretaria de Estado da Administração Prisional e Socioeducativa (SAP) entendeu essa realidade e de alguma forma procurou minimizar esses efeitos, ainda que não o pudesse solucionar em sua totalidade. Firmando atividades junto a órgãos e profissionais de saúde mental, o Estado procurou encontrar meios para auxiliar no combate aos problemas de comportamento advindos das angústias desses trabalhadores. Uma das psicólogas destacadas, inclusive, afirmou ao site da instituição que "as perdas de colegas e familiares vitimados pela COVID-19 tem afetado muito a saúde mental de todos os que atuam no âmbito da SAP" (DEAP, 2021).

Dessa forma, a anormalidade do momento causada pelo excesso de trabalho, as suspensões de benefícios, o estado de prontidão, as mortes e infecções crescentes entre os colegas e pressão pelo controle da prisão em um momento de incerteza mundial, causaram tamanho impacto, que a própria administração central visualizou o problema e, de alguma forma, procurou enfrentá-lo.

Em temos conclusivos, os servidores do sistema prisional seriam, em teoria, os responsáveis pelo controle e disciplina da prisão. Ao longo das transformações que sofreram e sofrem as carreiras desses servidores desde os tempos de Thompson (1980) com "as guardas" até a implementação da polícia penal pelas legislações federal e estaduais, a complexidade da prisão e suas consequências são mantidas independentemente da nomenclatura dada aos responsáveis pela sua execução.

Por outro lado, embora exista uma ideia de uniformização e subjetividade na execução das penas privativas de liberdade, evidencia-se que as diversidades regionais e locais não conseguem tornar as mais várias unidades prisionais do país iguais as outras. Isso mostra que a cadeia ao mesmo tempo reproduz - mas ao mesmo tempo não – a sociedade de fora do muro, já que os meios de organização são imitados e, sob outros pontos criados, na convivência prisional.

Quando Vera Malagutti Batista (2011, p. 104) afirma que os servidores da segurança pública do Brasil são as "categorias de trabalhadores mais sofridas nos dias hoje", ela trata de um contexto de (a)normalidade do dia a dia da segurança pública, porque, tudo que foi dito antes da COVID-19, precisa ser avaliado e, no que se refere aos órgãos de segurança, durante e pós-pandemia, somatizado.

É o que acontece com os servidores do sistema penitenciário.

Portanto, se a prisionização, em tempos de "normalidade" é uma perversidade produzida pelo fenômeno prisional que ataca as pessoas encarceradas "com" e "sem" pena, pode-se confirmar através dos atos administrativos expedidos, pelo número de casos confirmados e mortes e o aumento de atendimentos psicológicos que esses tempos de exceção impactaram sem precedentes os servidores do sistema penitenciário de Santa Catarina, temperando ainda mais as mazelas produzidas pelo cárcere sob essas pessoas.

Esse aglutinado de informações, aliado as pesquisas realizadas no âmbito das prisões, demonstram que a prisionização como resultado do impacto da vivência no âmbito prisional, não é estática, mas sim dinâmica enquanto resultado de interações sociais complexas de um local heterogêneo. Como conglomerado dessas interações e resultados, a pandemia demonstra a necessidade de um cuidado singular com as pesquisas sobre as prisões, comprovando que Questão Penitenciária como Campo epistemológico singular defendido por Chies (2019) é, acima de tudo, necessária para o encontro das soluções pontuais que a prisão requer.

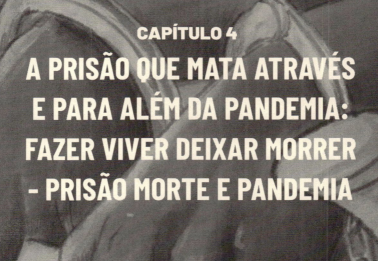

CAPÍTULO 4

A PRISÃO QUE MATA ATRAVÉS E PARA ALÉM DA PANDEMIA: FAZER VIVER DEIXAR MORRER – PRISÃO MORTE E PANDEMIA

ESTE CAPÍTULO SE ESFORÇA A SISTEMATIZAR E PROBLEMATIZAR os números de pessoas mortas pela pandemia do novo coronavírus nas prisões brasileiras, assim como identificar os limites das metodologias utilizadas pelo Estado em tais coletas, visto que Bogo Chies e Bruno Rotta (2019), como já lembrado em outros capítulos deste livro, nos advertem acerca dos números oficiais disponibilizados pelo Estado, afirmando que pesquisar prisões no Brasil é um desafio que compreende antes de mais nada problematizar os dados oficiais.

Deise Benedito (2022), em contundente relato de experiência de sua vivência profissional e militante junto à questão penitenciária, nos aproxima da materialidade dos acontecimentos que permearam as tristes cenas do massacre do Carandiru, em uma verdadeira viagem ao tempo. A autora demonstrando como o "cadeião", como era popularmente conhecido o complexo penitenciário, segue vivo em todos os rincões do Brasil, e a pandemia demonstrou que o cárcere seguirá "em pé" e os que "tombam" são quase sempre os mesmos: pessoas negras, empobrecidas e, agora mais do que nunca, mulheres. Vidas se vão, as estruturas penitenciárias punitivistas não.

Passados os quase três anos de pandemia, a maior parte das pessoas atingidas pelo vírus são empobrecidas, negras, mães periféricas. Isso, os próprios coletivos, como "mães de maio, da maré de Manguinhos" e tantos outros movimentos populares, demonstram: todas as mães que choram as mortes de seus pares estampam em sua pele as marcas de uma vida de exploração; em seus CEP's a distância geográfica dos grandes centros e do Estado, lugares devastados pelo vírus, e que se transformaram em verdadeiras colônias do imperialismo estatal (MALAGUTI BATISTA, 2011; ARAUJO CHERSONI; DAS CHAGAS; MUNIZ, 2022).

"Dentro dos Carandirus nosso de cada dia" (BENEDITO, 2022) essa é a principal clientela do capitalismo racializado, e aqui fazendo alusão a escritos de Ana Flauzina (2006) e Françoise Vergès (2020), o evidente recorte de raça, classe e gênero são pilares fundamentais das estruturas prisionais, do capitalismo dependente e do genocídio. Este último tem como papel histórico eliminar os braços que se excedem em um mercado de trabalho cada vez mais dependente dos países dominantes e mais do que nunca fora das realidades dos filhos da escravização.

A pandemia ceifou a vida não somente da gigantesca massa de pessoas em situação de cárcere, como também da classe trabalhadora que gere essas estruturas (os servidores e trabalhadores do sistema), que em sua maior parte é formada por pessoas pardas[6] e periféricas. Os trabalhadores da linha de frente do sistema foram alvos preferenciais do vírus, juntamente com as pessoas que ocupam o lado interno das grades, o alvo predileto dentro dos presídios são as pessoas que dividem os mesmos vagões dos trens e metrôs, as mesmas linhas de ônibus, sempre extremamente lotadas ao se dirigirem ao trabalho.

Não é segredo que os trabalhadores do sistema penal, que adentram a classe média, - muitas vezes cooptados pelo capital, em sua grande maioria sem maiores ferramentas de ler criticamente a sociedade - como administradores, muito pelos efeitos da prisionalização, são vetores da violência institucional, como já demonstra Engels no clássico a situação da classe trabalhadora na Inglaterra (2010), ou como adverte o professor Armando Boito Junior (2022). O capital utiliza os "nossos contra os nossos", e o abandono pelo Estado é geral, obviamente atingindo mais uns do que outros.

Essas são algumas ideias lançadas nesta abertura de capítulo, que serão analisadas com a sistematização dos números de pessoas que perderam a vida dentro do sistema penal em uma intersecção de raça, classe e gênero.

O objetivo deste capítulo é demonstrar de forma sintética e organizada os dados oficiais das mortes sob custódia prisional durante o período pandêmico, e, para além disso, problematizar esses dados, evidenciando a realidade das subnotificações.

Para tanto serão analisadas duas importantes bases de dados como estrutura principal dos nossos esforços. Em primeiro momento, as análises e os dados coletados em nota técnica elaborada pelo Fórum Brasileiro de Segurança Pública, intitulada "A Pandemia de Covid-19 e os Policiais Brasileiros". A escolha por esta base de dados se dá, princi-

---

[6] Cabe destacar que diversos estudos decoloniais diaspóricos, e aqui cita-se a entrevista de Sueli Carneiro concedida ao rapper Mano Brown (2022), que a invenção da figura do "pardo", por sua vez, foi uma maneira não somente de desarticular a população negra, em um contexto de desunião de classes, mas também de tentar embranquecer o Brasil, tendo como pano de fundo o "mito da democracia racial", portanto, para a pensadora, equipara-se a população parda com a negra, sobretudo quando existe um recorte de classe e gênero atravessados no contexto.

palmente, pela realização de pesquisa de campo, com coleta de dados ao longo do contexto pandêmico, trazendo dados bastante concretos, com análises acerca das informações veiculadas na Nota Técnica.

A segunda base de dados analisadas é a considerada oficial, utilizada pelo Estado brasileiro para sistematizar em números as vidas perdidas, que são as ferramentas elaboradas pelo Conselho Nacional de Justiça. Esta plataforma acompanha em tempo real as notificações enviadas pelos estados da federação e atualiza diariamente o portal com os acontecimentos, a partir de um programa denominado de "justiça presente".

Por sua vez, os dados serão organizados de forma que o leitor compreenda os reflexos da pandemia na vida dos protagonistas do sistema penal, ou seja, quem está inserido nele.

Por fim, finalizamos com um tópico ensaístico, a partir de uma leitura teórico crítica que demonstra os resultados desiguais das análises desses dados, e como os "reflexos" foram também políticos e estruturais, representando neles as desigualdades históricas de nosso país.

1. UMA SISTEMATIZAÇÃO DE DADOS ENTRE ABRIL DE 2020 A MARÇO DE 2022 - O QUE DIZEM OS NÚMEROS ATÉ AQUI?

Na nota técnica intitulada "A Pandemia de Covid-19 e os Policiais Brasileiros", elaborada pelos pesquisadores responsáveis Gabriela Lotta, Isabela Sobral, Marcela Corrêa, Rafael Alcadipani e Samira Bueno, em parceria com o Fórum Brasileiro de Segurança Pública, restou investigada a relação entre a pandemia da Covid-19 e as vivências dos agentes de segurança pública no Brasil. Os autores, com bastante assertividade, destacam que os impactos na pandemia, já bastante nefastos no Brasil, foram pouco analisados quanto à atuação policial, tanto pensando em suas perspectivas laborais quanto a sua interação com os demais cidadãos brasileiros.

O relatório elaborado contou com pesquisa realizada com 1.540 profissionais da segurança pública no Brasil, realizada entre 15 de abril e 1º de maio de 2020, a fim de compreender quais suas percepções acerca da pandemia e suas relações de trabalho, seu bem-estar e modo de atuação cotidiana. As autoras perceberam uma maior representação dos policiais do estado de São Paulo, sendo cerca de 56% dos voluntários. Por opção metodológica, os dados por elas coletados serão expostos na sua perspectiva nacional, a fim de orientar a presente análise em um âmbito nacional.

Acerca do perfil da amostra, os autores também destacam:

> Ainda, com base em inferências a partir da amostra, foi possível observar que a grande maioria desses profissionais é homem (79%) - as mulheres representam apenas 21% do total de efetivos. Com base na amostra, foi calculado essa razão para cada uma das carreiras: para PC há 24% efetivos mulheres e 76% homens enquanto para PM o que se apresenta é 15% e 85% respectivamente. Essa informação vai de encontro com outros dados divulgados. De acordo com a Pesquisa Perfil das Instituições de Segurança Pública, realizada pelo Ministério da Justiça e Segurança Pública, em 2017, 73% dos policiais civis eram do sexo masculino, enquanto 27% eram do sexo feminino. Já o efetivo das polícias militares brasileiras era composto em 89% por policiais do sexo masculino e 11% do sexo feminino (ARAUJO; SOARES, 2019).

Com efeito, os pesquisadores levantaram informações de que o medo de contrair o vírus da Covid-19 esteve presente na enorme maioria do contingente de profissionais, atingindo a marca de 68,8%. Acerca do tema, percebem que este sentimento de medo pode promover um impacto direto na atuação policial, fazendo com que busquem uma maior proteção contra o vírus.

Ainda, apenas 30,6% dos agentes da polícia se sentiam preparados para a atuação em meio ao cenário pandêmico, ao passo que 43.9% afirmaram que não se sentiam prontos e 24.5% não souberam afirmar, isto tudo considerando o cenário nacional. No mais, apenas 32.1% dos policiais brasileiros relataram terem recebido Equipamentos de Proteção para a atuação em contexto pandêmico, ao passo que tão somente 15.4% receberam o devido treinamento para atuação no período.

> A diferença nestes resultados pode estar diretamente ligada ao percentual de policiais que responderam ter recebido equipamentos de proteção individual (EPI) para atuarem durante a pandemia, tais como máscaras e álcool em gel. Quase metade do total de policiais civis e militares em São Paulo (46%) acredita ter recebido Equipamentos de Proteção Individual (EPI) adequados para desenvolver seu trabalho, garantindo também a dos cidadãos, ao passo que 54% atestaram o contrário. O percentual de policiais do Estado de São Paulo que afirmaram terem recebido EPI para atuarem durante a pandemia é 43% superior à média verificada nos demais estados, nos quais apenas 32,1% dos policiais afirmam ter recebido equipamentos de proteção adequados à continuidade do trabalho de segurança pública. (FÓRUM BRASILEIRO DE SEGURANÇA PÚBLICA, 2020, p. 09).

Além disso, os pesquisadores perceberam que apenas 84.6% dos policiais que atuam no Brasil relataram não ter recebido instruções ou treinamento profissionais para atuação em contexto pandêmico.

No âmbito de todas as unidades da federação, 40,8% relataram que algum colega ou familiar testou positivo para a Covid-19 ou teve suspeita de estar com a doença. Por fim, mais de 80% dos policiais que atuam no Brasil relataram que a crise sanitária alterou sua forma de se relacionar com os cidadãos.

Já pensando em uma amplitude maior, o Conselho Nacional de Justiça (CNJ) editou portarias (que foram questionadas em momentos oportunos desta pesquisa), e também disponibilizou ferramentas para acompanhar as mortes ocasionadas pelo vírus da Covid-19, que serão analisadas neste tópico.

O ano de 2020 foi marcado pela primeira morte por Covid-19 dentro dos muros do sistema carcerário. O próprio Conselho aponta que é extremamente difícil mensurar quem exatamente foi a primeira pessoa que faleceu por conta do vírus e quando isto ocorreu, o que por si só é uma denúncia das condições nas quais o sistema penitenciário vem sendo gerido (CNJ, 2020, p. 57).

A alegação do órgão está direcionada em críticas estruturais acerca do combate à pandemia, apontando que a causa do problema é a demora do estado em sistematizar maneiras de identificar o vírus, a pluralidade de sintomas e o fato de muitas pessoas infectadas serem assintomáticas dificultam uma ação antecipada dos órgãos que monitoram a pandemia dentro dos muros prisionais. Porém, oficialmente no dia 17/04/2020 foram registradas as primeiras mortes por Covid dentro do sistema prisional, especificamente uma na cidade do Maranhão e outra na cidade do Rio de Janeiro (CNJ, 2020, p. 57).

	1º Caso confirmado Covid-19	1ª Morte confirmada Covid-19	Período entre 1º caso e 1ª morte	Casos confirmados de Covid-19 na data da 1ª morte
Brasil	26/02/2020	17/03/2020	20 dias	291
Sistema prisional	08/04/2020	17/04/2020	9 dias	58

Fonte: CNJ / Programa Justiça Presente.

O nome da primeira vítima dentro do sistema penal na cidade do Rio de Janeiro não foi divulgado, mas se tratava de um homem de 73 anos que estava cumprindo pena em regime fechado, preso desde 2017. O fato causou indignação de órgãos de defesa de direitos humanos acerca das condições físicas e processuais do apenado, fazendo com que se levantasse de forma pública um debate na qual a academia há anos vinha se debruçando: políticas efetivas de desencarceramento (CNJ, 2020, p. 57).

O estado rapidamente fez com que não se divulgasse maiores informações do processo do indivíduo, sendo alvo de críticas. Na ocasião, o Brasil já ocupava o quinto lugar no ranking dos países com maior número de pessoas infectadas, somando 1.692 casos. Tempos depois, morreu o primeiro agente penitenciário, um homem de 64 anos (BARBON, 2020, s/p).

O CNJ aponta, em seu relatório do ano de 2020, que o Brasil lida com intensas dificuldades para enfrentar a pandemia nas prisões e quantificar essas mortes. Segundo os dados do Depen, como já mencionado em outros momentos desta pesquisa, o Brasil registrava cerca de 748 mil pessoas presas, o que futuramente seria atualizado para quase 1 milhão de pessoas (CNJ, 2020, p. 57).

A seguir se apresenta dois gráficos acerca da evolução das mortes por Covid no sistema penal. O primeiro deles refere-se às pessoas privadas de liberdade, dados estes que já registraram 90 mortes no mês de agosto de 2020.

O segundo gráfico refere-se aos trabalhadores do sistema, que registraram cerca de 75 mortes até o mesmo período que o anterior analisado (CNJ, 2020, p. 58-59).

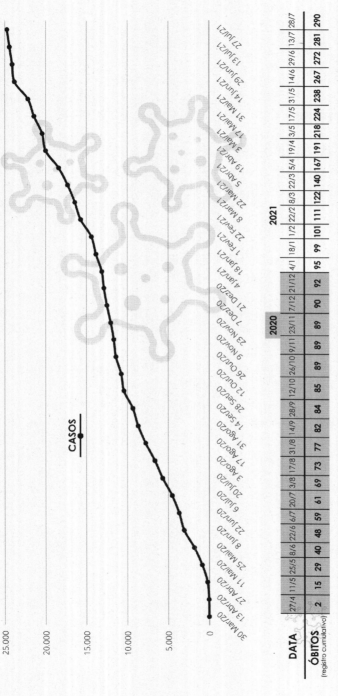

Fonte: CNJ/Programa Justiça Presente.

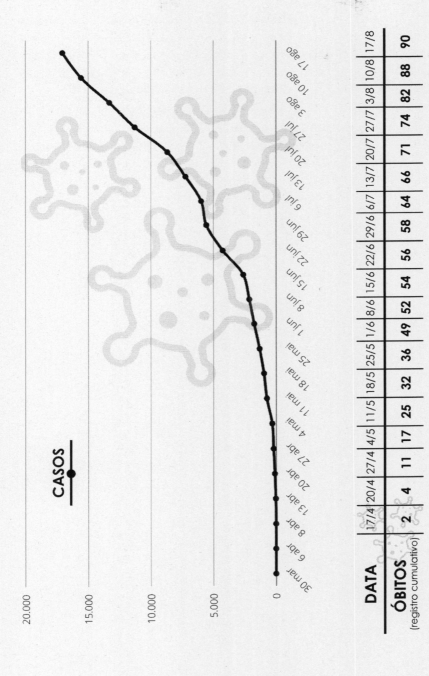

DATA	17/4	20/4	27/4	4/5	11/5	18/5	25/5	1/6	8/6	15/6	22/6	29/6	6/7	13/7	20/7	27/7	3/8	10/8	17/8
ÓBITOS (registro cumulativo)	2	4	11	17	25	32	36	49	52	54	56	58	64	66	71	74	82	88	90

Fonte: CNJ/Programa Justiça Presente.

Os dados analisados até a data de 30/11/22, apontam cerca de 632 óbitos e 93.138 casos confirmados. Segundo dados disponibilizados ainda pelo Conselho Nacional de Justiça 339 óbitos deste total são de trabalhadores do sistema penal [servidores] e 293 de pessoas privadas de liberdade, sendo a maior parte das mortes, tanto de servidores como de apenados, na região sudeste do país (CNJ, 2021, s/p).

Na sequência, são disponibilizados gráficos que demonstram a curva crescente entre os óbitos. Em primeiro, a curva de falecimento dos apenados do sistema prisional e, logo na sequência, a curva de falecimento de servidores, o que deixa visivelmente nítidas a percepção e a gravidade da pandemia nas prisões brasileiras (CNJ, 2021, s/p).

COVID-19 NO SISTEMA PRISIONAL
ATUALIZADO EM 30/11/2021

TOTAL DE TESTES REALIZADOS: 447.133 (82.418 SERVIDORES; 364.715 PESSOAS PRESAS)

CASOS CONFIRMADOS
↑ 93.138
0,3% (últimos 30 dias)
0,23% (última quinzena)
20,8%

25.818 SERVIDORES
67.320 PESSOAS PRESAS

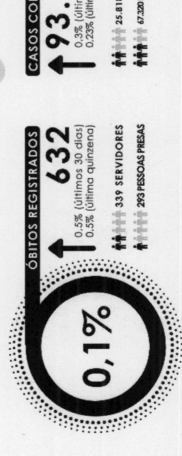

ÓBITOS REGISTRADOS
↑ 632
0,5% (últimos 30 dias)
0,5% (última quinzena)
0,1%

339 SERVIDORES
293 PESSOAS PRESAS

Fonte: Conselho Nacional de Justiça (CNJ, 2021, s/p).

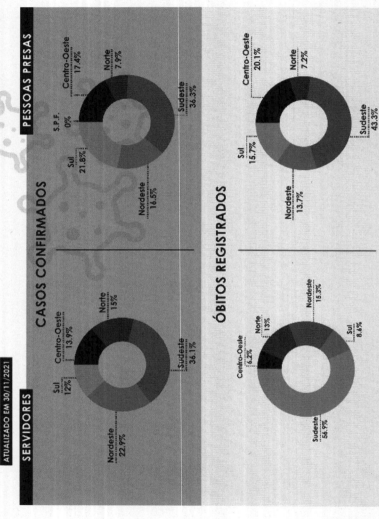

Fonte: Conselho Nacional de Justiça (CNJ, 2021, s/p).

A sistematização de dados demonstra que 2021, de fato, foi o ano mais crítico da pandemia para as pessoas inseridas nos contextos prisionais. Pontuamos aqui alguns esforços de pesquisas, somados à militância, que ousaram em não somente denunciar as realidades de subnotificações e as baixas em vacinas, como também foram componentes e vozes de resistência acadêmica que tiveram a oportunidade de descer das torres de marfim das universidades e promover ações na prática.

As subnotificações não somente foram um horizonte possível até determinado momento, sobretudo no início da pandemia, quando poucas informações sanitárias ainda existiam. As próprias iniciativas governamentais, que comumente se orgulham em demonstrar apenas os lados em que as convém, tiveram que admitir em seus boletins oficiais que essas (subnotificações) eram uma realidade dada, visto a própria forma na qual o sistema prisional no Brasil é gerido (CNJ, 2020, p. 57).

Pontua-se, então, as iniciativas do observatório Covid nas Prisões, que foram produzidas pelo portal "Info-vírus: prisões e pandemia", em parceria com pesquisadores de partes diversas do país e, acima de tudo, com importantes coletivos de familiares das pessoas privadas de liberdade. A plataforma foi uma ferramenta utilizada por muitos movimentos para que se produzissem debates públicos mais qualificados, e contestações acerca dos dados oficiais divulgados pelos meios de comunicação. Nesta esteira, os dados coletados pelo portal deram origem a diversos boletins que servem de base informativa e de pesquisa para materiais produzidos a partir dele (INFO VIRUS, 2020, s/p).[7] [8]

Por parte dos agentes penitenciários, além da atuação já conhecida dos sindicatos, a classe se uniu em prol da autoproteção. Destaca-se o sindicato da cidade de São Paulo que, junto do Ministério Público do Trabalho (MPT), ajuizou ações contra a Fazenda Pública (SP) em cobranças de medidas de segurança contra a pandemia.

O Sindicato dos Funcionários do Sistema Prisional do Estado de São Paulo (SIFUSPESP), juntamente com o Sindicato dos Agentes

---

[7] Ver em <https://www.covidnasprisoes.com/infovirus>.

[8] O portal foi fundamental na produção do capítulo denominado de *"Prevenção ou segregação? Covid-19 e a população carcerária em Santa Catarina"* que compõem o livro que o leitor tem em mãos, pois, a contraposição aos dados oficiais no estado e o protagonismo das mães e familiares de pessoas privadas de liberdade, foram as iniciativas daquele momento que melhor conversavam com a realidade que estava posta no estado.

de Segurança Penitenciária, demais Servidores Públicos do Sistema Penitenciário (SINDCOP) e Sindicato dos Agentes de Segurança Penitenciária do Estado de São Paulo (SINDASP), foram participativos na referida ação, e não somente na via judicial, como também em veículos de comunicação de massa e demais órgãos que tiveram papel de denúncia das precárias situações nas quais viviam seus pares, com os altos índices de contaminação e mortes, em um contexto generalizado de insegurança e medo. (BOND, 2020, s/p).

O ano de 2022 foi marcado por uma baixa nos números da pandemia, sobretudo pela militância intensa de parte da população junto de diversos órgãos e, neste sentido, com o avanço da vacinação, chegamos a um quadro considerado, pelos órgãos oficiais, como controlado. Obviamente, com diversas vidas perdidas e uma atuação intensamente contestada e desastrosa do Governo Federal (CNJ, 2022).

O painel do Conselho Nacional de Justiça demonstra uma importante queda nos quadros de mortes, e os últimos levantamentos do CNJ datados de 01º a 30 de março de 2022 marcam o número de quatro óbitos, sendo três pessoas em cumprimento de pena e um trabalhador do sistema. O painel também aponta que o número de casos diminuiu em 61% comparado com o último período de fevereiro de 2022. (CNJ, 2022). Trazendo a marca de 2.893 novos casos, ocorrendo 4 óbitos, sendo 3 de pessoas presas e 1 de um servidor do sistema. Marcando 661 falecimentos desde o início da pandemia, que o portal aponta que foi em março de 2020. No total o portal aponta que foram 341 servidores mortos pela pandemia e 320 pessoas presas.

É evidente na análise dos dados que o avanço da vacinação foi primordial para a queda no número de vidas perdidas na pandemia dentro do sistema prisional[9]. (CNJ, 2022).

---

9 O Governo Federal Brasileiro, representado na pessoa de Jair Messias Bolsonaro, e sua base governamental, durante a pandemia foi extremamente omisso com a vacinação, não somente das pessoas envolvidas no contexto de cárcere, como também da população em geral. Sendo considerado por importantes pesquisadores mundiais, como por exemplo Laurent-Henry Vignaud, autor do livro *Antivax - Resistência às vacinas do século 18 aos dias de hoje* e professor da Universidade de Borgogne, "o único líder político da História a desencorajar a vacinação". (FERNANDES, 2021). Ainda no ano de 2020, o então secretário de Vigilância em Saúde, Arnaldo Medeiros, divulgou nota na qual excluía a população carcerária da lista de prioritários para a vacinação. Nas palavras do próprio Arnaldo "porque vai depender do quantitativo de doses que efetivamente teremos para um determina-

Apesar das omissões do estado brasileiro, a luta pela vacina foi uma pauta defendida por diversas entidades e por grande parte da população brasileira[10]. Como a exemplo de pesquisas encomendadas por veículos de comunicação de grande circulação, a Datafolha[11] (2022) aponta que 94% da população é favorável à vacinação (COSTA, 2022).

Dentre os protagonistas da luta pela vacina dentro do sistema prisional, destaca-se, mais uma vez, o papel do sindicalismo. O SIFUSPESP (Sindicato dos Funcionários do Sistema Prisional do Estado de São Paulo) foi a público pedir por um plano de vacinação de maneira ágil para atender a classe dos trabalhadores prisionais e demonstrou preocupação frente à população carcerária. Fábio Jabá, presidente do SIFUSPESP, afirmou em entrevista concedida à repórter Amanda Lüder (2021, s/p)[12] que o sistema prisional é invisível:

---

do tempo". (MOVIMENTO REVOLUCIONÁRIO DE TRABALHADORES, 2020, S/P). Na época, o Departamento Penitenciário Nacional (Depen) afirmou que apenas pouco mais de 20% da população carcerária tinha sido testada para Covid-19. Com cerca de 169 mil testes, o resultado foi positivo para 39.478 pessoas encarceradas (11 mil infectados só no estado de São Paulo, que possui a maior população carcerária do país com mais de 234 mil presos), com 123 mortos confirmados, fazendo com que a população carcerária figurasse como extremamente vulneráveis ao vírus. (MOVIMENTO REVOLUCIONÁRIO DE TRABALHADORES, 2020).

10 De acordo com o conselheiro da CIDH Joel Hernandez, que é o relator para o Brasil na comissão, a pandemia é a principal causa de violações de direitos humanos. "A pandemia segue sendo o centro da nossa preocupação, a causa da violação de direitos humanos no país, sobretudo direitos econômicos, sociais, culturais e ambientais", declarou após ouvir relatos de entidades brasileiras. (MINISTÉRIO DA SAÚDE, 2021, S/P).

11 Instituto que realiza levantamentos estatísticos ligados ao Grupo Folha de São Paulo. O uso dessa fonte é extremamente exemplificativo, não cabendo, neste momento, adentrar a possíveis contradições de suas metodologias e ferramentas de pesquisas, tão pouco, sua postura política ideológica.

12 Na mesma reportagem um agente penitenciário desabafa: "Minha mulher estava grávida, eu tinha medo de acontecer alguma coisa com a bebê. Teve semanas que fiquei fora de casa, pedi para ficar na casa de colegas", conta o agente penitenciário Alancarlo Fernet. Há 14 anos, ele trabalha dentro de penitenciárias. "É uma situação horrível devido ao medo que você tem de levar para casa. Só de falar nisso eu engasgo porque é muito sério". (LÜDER 2021, s/p).

> O sistema prisional, na verdade, é invisível para os trabalhadores, para a sociedade, para o governo. Tanto os trabalhadores como os sentenciados. E a pandemia só veio evidenciar este abandono.[13]

Goulart; Araújo Chersoni (2021) compreendem esse "abandono" estatal, que em verdade configura-se como projeto, dentro das próprias perspectivas do liberalismo, onde o agente penitenciário em verdade é responsável integral pelo estabelecimento penal negando ali, sua própria humanidade, e retirando do Estado seu dever que como ente maior detentor do monopólio da violência.

O SIFUSPESP (2021), como órgão representativo de classe, encaminhou ofício à Secretaria de Administração Penitenciária (SAP) defendendo um urgente plano de vacinação e um cronograma com prazos que engloba desde os que estão em ativas e até mesmo os que estão afastados, pois entendiam que, desde modo, o andamento das atividades se daria com a mínima tranquilidade para os servidores. (GIOCONDO, 2021).

Ainda em texto redigido por Giovanni Giocondo estampado no site do sindicato (2021, s/p), Fábio Jabá argumenta que:

> O SIFUSPESP acredita que somente a divulgação de um cronograma oficial poderá reduzir as preocupações dos servidores quanto aos prazos. "Independentemente se o trabalhador vai ser vacinado imediatamente ou em uma próxima fase, é preciso saber que fases são essas, quando serão iniciadas. Está tudo muito nebuloso ainda, e apenas com as informações completas disponíveis é que haverá tranquilidade para seguirmos atuando sem temor de sermos contaminados.

Já os familiares de pessoas privadas de liberdade se organizam em coletivos, como as "mães de maio", e grupos de militância na forma que dá, tentando de todas as formas driblar as imensas dificuldades de informação e organização, buscando e recebendo apoio de órgãos de defesa de Direitos Humanos, Defensoria Pública e das chamadas "frentes de desencarceramento" (DAMASCENO; FACUNDO, 2021 s/p).

---

13 Ainda em análise à reportagem, a vacinação de todo o sistema é uma preocupação, até mesmo, por se tratar da proteção dos servidores: "Os agentes penitenciários entraram no calendário de vacinação contra o novo coronavírus em abril. Entretanto, os presos não foram vacinados. "Se você vacinou os funcionários e os coloca para trabalhar num ambiente fechado, pouco ventilado e com risco de novos casos, você também está expondo, mesmo esta população vacinada, adoecer novamente", afirma o chefe da UTI do Instituto Emílio Ribas, Jaques Sztajnbok". (LÜDER 2021, s/p).

Nos anos de pandemia, a principal pauta defendida por esses grupos em atos organizados por todo o país foram os planos de vacinação[14]. Em protesto ocorrido no Ceará em 2021, a Celeridade para a segunda dose da vacina contra a Covid-19 de internos(as) e transparência sobre essa vacinação foi uma pauta que se colocou como lócus da manifestação.

Ainda no ano de 2021 a Agenda Nacional Pelo Desencarceramento protocolou ofício acerca da exclusão da população carcerária do plano de imunização. Em análise o documento aponta que:

> O descaso e as omissões do Governo Federal na promoção de uma política efetiva de profilaxia e imunização da população carcerária revelam uma política em curso de genocídio das minorias sociais – população alvo do encarceramento em massa corrente no país". Vale lembrar que o sistema carcerário brasileiro é composto, em sua maioria, de pessoas negras, pobres e periféricas, a população mais excluída e vulnerável socialmente no país. (PASTORAL CARCERÁRIA, 2021, S/P).

Assim como os servidores, os órgãos de militância em prol das pessoas encarceradas no ano de 2021 cobraram um plano de vacinação, com prazos, idades etc., como forma também de tranquilizar um pouco a população carcerária e seus familiares.

> O ofício pede a divulgação do plano de vacinação oficial e/ou comunicado oficial quanto ao plano, dado às notícias de retirada da 4ª fase demonstradas; a imediata reconsideração da população privada de liberdade nos grupos prioritários de vacinação; que seja feita a vacinação da população privada de liberdade idosa e/ou que possuem morbidades simultaneamente à população em liberdade com estas características, e que o Ministério Público Federal atue no sentido de promover a ampla aplicação das medidas de desencarceramento previstas na Resolução nº 62/CNJ dentro de seu âmbito de atuação – com o encorajamento de concessão de prisão domiciliar, regime aberto e liberdade provisória, sobretudo às pessoas presas pertencentes aos grupos de risco. (PASTORAL CARCERÁRIA, 2021, S/P).

A partir do acima exposto, observa-se que frente ao número de pessoas mortas pela pandemia dentro do sistema penal, e a partir das organizações de contraposição e defesa dessas pessoas, aqui se destaca o sindicalismo com os trabalhadores do sistema prisional e a organização de familiares ao lado das pessoas privadas de liberdade, pautas distin-

---

14 Outras pautas também foram incessantemente defendidas por tais organizações, como regulação das visitas, maior visibilidade da situação das pessoas dentro dos muros carcerários, a análise de situações de abuso de autoridade, transparência nos números de óbitos etc.

tas foram defendidas, mas tantas outras foram semelhantes e a principal semelhança é a defesa da vida no contexto pandêmico.

Dessa forma, observam-se duas questões principais, o Estado como centralidade do abandono sistemático do sistema prisional, abandono este que se caracteriza inclusive como projeto, como aponta a literatura da criminologia crítica (ANDRADE, 2012). E que o sistema penal como centralidade capitalista marginal figura como robusta máquina genocida, que coloca não somente a liberdade como também a vida humana como descartáveis frente a este grande maquinário. (ANIYAR DE CASTRO, 2005; ZAFFARONI, 1988).

2. QUEM MORRE NO SISTEMA PRISIONAL? RAÇA E CLASSE COMO ESTRUTURA DA PENITENCIÁRIA MODERNA

Os primeiros meses da pandemia da Covid-19 foram marcados por alguns discursos acríticos acerca de um suposto caráter "democrático" do vírus: poderia vir a atingir a todos, independentemente de gênero, classe social, etnia, grau de escolaridade ou quaisquer demais circunstâncias. Não obstante, os dados estatísticos acerca das populações mais atingidas pelo vírus, especialmente em número de mortes, apontam para outra direção, qual seja, a maior vulnerabilização de populações já em contexto de desigualdade social.

Não faltam estudos a demonstrar que a pandemia da Covid-19 atingiu de maneira desigual as populações mais vulneráveis. Inicialmente, cita-se o relatório da CPI da Pandemia, que concluiu que a população negra foi mais atingida pelo vírus quando comparada à população branca.

> [...] A população negra foi mais atingida pelos efeitos da pandemia do que a população branca. A conclusão está no relatório final da CPI da Pandemia. O parecer cita diversas pesquisas, como uma do Instituto Pólis de 2020 que mostra que a taxa de mortalidade por covid-19 padronizada entre homens negros era de 250 por 100 mil habitantes enquanto a de brancos era de 157 óbitos por 100 mil habitantes. A senadora Eliziane Gama, do Cidadania do Maranhão, ressaltou ainda o quanto as mulheres negras foram atingidas pela pandemia [...]. (RESENDE, 2021).

Conclusões semelhantes foram obtidas em pesquisas da Fundação Oswaldo Cruz (Fiocruz), que percebeu que marcadores sociais, tais quais raça, gênero, classe social, sexualidade, territórios e dinâmicas sociais e econômicas, influenciam no impacto da pandemia da Covid-19 em diferentes populações (ROCHA, 2020).

> Rumores acerca do caráter "democrático" do novo coronavírus começam a se espalhar... A frase democratizadora "Todos, todos mesmo, estão sujeitos a contrair o Sars-CoV-2" se alastra no mundo pandêmico. Verdade? Mentira? Sim, verdade... Todos estão sujeitos. Mentira? Sim, mentira.... Mas, em estratagemas como esse se dá a crença cega nos conceitos como verdades irrefutáveis, e não como uma construção. Afinal, uma narrativa convincente como essa, de várias camadas, deixa esquecidos em seus estratos mais profundos a seguinte evidência: todos estão sujeitos, mas nem todos têm a mesma oportunidade de evitação da exposição ou de acesso ao tratamento disponível (MORENO; MATTA, 2021).

Em conclusão semelhante à verificada no relatório da CPI da Pandemia, os pesquisadores do Núcleo de Estudos da Burocracia junto a Fiocruz, observaram que a intersecção gênero e raça faz com que as mulheres negras sofram de maneira ainda mais gravosa os efeitos da pandemia, seja no âmbito dos impactos em saúde mental, seja nas estatísticas de testagem ao vírus.

> Na perspectiva de gênero e raça, o Núcleo de Estudos da Burocracia (NEB/FGV), em colaboração com a Fundação Oswaldo Cruz (Fiocruz) e a Rede Covid-19 Humanidades, realizou um survey on-line com 1.520 profissionais da saúde em todo país (Lotta et al., 2020b). Evidenciou-se que as mulheres negras têm sido as mais afetadas pela pandemia, em contraposição aos homens brancos, com os menores índices. As mulheres negras são as que mais demonstram medo de contaminação (84,2% contra 69,7% para os homens brancos) e sensação de despreparo para lidar com a crise (58,7% em comparação com 33,5%, dos homens brancos) e declaram ter sofrido mais assédio moral durante a pandemia (38%, em comparação com 25% dos homens brancos). Também são menos testadas (26%) e têm menos suporte de supervisores (54% contra 69%). (PIMENTA, et. al., 2021).

Neste contexto, o sistema penitenciário não fica alheio à reprodução das desigualdades sociais verificadas no contexto social brasileiro. Em sentido verdadeiramente contrário, a estrutura prisional moderna tende a produzir e reproduzir as dinâmicas de manutenção do *status quo*.

O celebrado criminólogo Zaffaroni (1991) já descreve que os sistemas punitivos latino-americanos são, em um contexto mais amplo de incorporação ao modo de produção capitalista em escala global, marcados pelo genocídio e pelo etnocídio, sendo verdadeiros reprodutores de morte das populações sociais mais vulneráveis. O elemento central de sustentação do caráter genocida do cárcere brasileiro é o racismo, em uma relação de conexão da estrutura punitiva nacional com o pacto de desigualdade a que ele vem dando sustentação, conforme leciona Ana Luiza Pinheiro Flauzina (2006, pp. 30-32).

Explica a autora que, no contexto de exclusão social intensificada pela hegemonia neoliberal, as classes tidas como perigosas sofrem a incidência do controle penal cada vez mais sofisticado. Nesse âmbito, o racismo surge mais uma vez como o elemento de sustentação da escolha política acerca de quais grupos irão ser alvos do extermínio através do sistema penal, pautado principalmente pela intervenção física que tem como gênese o período colonial brasileiro (FLAUZINA, 2006, p. 84-85).

Nesse sentido, a autora destaca que o papel exercido pelas agências de criminalização secundária, embora discursivamente pautados sobre a criminalização da pobreza, atuam de acordo com os postulados racistas, de modo que são os corpos negros que aparecem enquanto clientela preferida do controle penal estatal. Tal movimento pode ser observado pela forte vigilância policial imposta sobre os bairros pobres e de maioria negra, restringindo a movimentação dos indivíduos e aumentando suas chances de criminalização (FLAUZINA, 2006, p. 87).

Buscando sempre fazer uma análise efetivamente amparada em dados, cumpre perceber que, conforme analisado no Anuário Brasileiro de Segurança Pública de 2021, elaborado pelo Fórum Brasileiro de Segurança Pública, 78,9% das vítimas de atuação policial com resultado morte no ano de 2020 eram negras, e 20,9% eram brancas. Já no ano de 2021, 84,1% das vítimas de intervenções policiais com resultado morte no Brasil eram negras.

Ademais disso, em que pese a redundância da informação, vez que amplamente divulgado e discutido no âmbito das ciências sociais, cabe relembrar que, segundo relatório emitido pelo Departamento Penitenciário Nacional, no ano de 2021, 50,7% da população prisional no Brasil é parda, 31,64% da população prisional é branca, 17,32% é negra e 0,75% é amarela, o que aponta para a sobrerrepresentação da população negra e parda no sistema penitenciário nacional.

Não é absurdo concluir que a população pobre e racializada no Brasil, especialmente sujeita a um maior regime de exploração, vê implementada, através do sistema penal, formas ainda mais complexificadas de controle social, o que agrava em muito a vulnerabilização social destas populações. Especialmente no contexto pandêmico, pode-se notar que a população negra, já especialmente mais atingida pelos efeitos nefastos do vírus, quando considerados especialmente aqueles sujeitos a privação de liberdade, foram ainda mais gravemente mais negligenciadas.

Um dos indicadores concretos desta implementação de políticas de extermínio são os indicadores de vacinação da população privada de liberdade, conforme se vê:

> Os dados apresentados neste Anuário, com base nas doses aplicadas por grupos prioritários informadas na plataforma nacional Localiza SUS10 no dia 22/06/2021, indicam que 72,5% dos funcionários do sistema prisional e apenas 8,8% da população privada de liberdade receberam a 1ª dose da vacina contra o coronavírus. Os valores referentes à aplicação da 2ª dose são, evidentemente, ainda mais baixos: 31,4% no caso dos funcionários e 0,2% no caso dos presos. O que se observa, portanto, é que o PNI não está sendo respeito pela maior parte dos estados no que se refere à imunização da população privada de liberdade (Anuário Brasileiro de Segurança Pública 2021, p. 210).

O Anuário Brasileiro de Segurança Pública do ano de 2022 relatou que o Brasil somava 69.391 casos de covid-19 no âmbito do sistema penitenciário nacional até o ano de 2021, com um número de óbitos acumulados de 314, o que evidencia uma taxa de letalidade de 0,5% entre as pessoas presas. Há que se observar a grande possibilidade de subnotificação dos casos de óbitos. Já no que se refere aos casos de Covid dentre os servidores do sistema penitenciário brasileiro, somaram-se 28.645 casos acumulados, com o número de óbitos registrado em 339, o que confere uma taxa de letalidade de 1,2%.

Destes dados, chama a atenção não apenas o verdadeiro desamparo a população prisional, como também uma semelhante postura do estado brasileiro frente aos próprios servidores do sistema penitenciário nacional.

Neste aspecto, o que cabe destacar é que a maior vulnerabilização das populações pobres e negras no sistema penitenciário nacional, lógica está reproduzida durante a pandemia da Covid-19, acaba por expor as populações tidas como subalternas de duas maneiras possíveis: seja como pessoa privada de liberdade, em que a violação de direitos e a instrumentalização da política de morte se apresenta de forma especialmente acentuada, seja também como funcionário das instituições carcerárias do Brasil.

Isto porque, com amparo nos dados coletados, é possível perceber que mesmo na posição de servidores do sistema penitenciário, esta população sofreu com a acentuada letalidade do vírus da Covid 19, isto tudo no contexto marcado pela negligência em relação aos cárceres brasileiros. Infere-se que o contexto prisional, já marcado pela gestão de corpos tidos como descartáveis, não é apto a oferecer um amparo sanitário, ao longo de uma crise de saúde pública, nem mesmo a seus próprios servidores.

E, cabe notar, ao fim e ao cabo, são as mesmas camadas populares da sociedade brasileira que vêm, através das dinâmicas punitivas de controle social, suas vidas expostas ao risco de contaminação com o vírus e até mesmo o acentuado número de óbitos.

No presente capítulo, buscou-se analisar a letalidade do vírus da Covid-19 no âmbito do sistema penitenciário brasileiro sob as lentes metodológicas e políticas da seletividade racial e de classe no controle social brasileiro. Neste sentido, percebe-se que as dinâmicas de produção e reprodução de desigualdade na formação social brasileira têm, nas dinâmicas punitivas, um importante instrumento de manutenção das relações sociais de exploração e dominação.

A pandemia da Covid-19, como visto, bem serviu à manutenção e ao agravamento da desigualdade social, atingindo especialmente às pessoas já vulnerabilizadas pelas relações de opressão de gênero e raça, e exploração de classe. No âmbito dos cárceres, os corpos já tidos como descartáveis foram sujeitas a mais uma nuance da política de extermínio, marcada pela negligência do Poder Executivo, tudo isto com o amparo do poder Judiciário brasileiro.

As formas de organizações, tanto das pessoas encarceradas, através de seus familiares, tanto pela atuação sindical, demonstraram a pouca preocupação do Estado frente as dinâmicas carcerárias e seus protagonistas, evidenciando que, como nas palavras de um dos representantes da classe de trabalhadores do sistema, ele é invisível. Na verdade, não. Longe de ser invisível, o projeto do Estado frente ao sistema penal, ainda quando omisso, pesa violentamente contra os corpos vulnerabilizados, é o Estado Penal cumprindo suas funções não declaradas, dentre elas o extermínio.

Além disso, a pandemia demonstrou que as contradições de nosso tempo, mais do que nunca, revelam uma simbiose estado-capital, que transforma as dinâmicas precarizadas de vida em verdadeiras corridas pela sobrevivência, e quem morre é o pobre preto e periférico, dentro de praticamente todas as esferas sociais. A nosso exemplo, o cárcere.

Para mais, percebeu-se que não apenas a população privada de liberdade no Brasil sofreu com os efeitos ainda mais acentuados e nefastos da crise de saúde pública, que atingiu também a população de servidores e funcionários do próprio sistema penitenciário nacional. Dito isto, cabe ressaltar que o sistema punitivo brasileiro, já muito perceptivelmente inapto à função declarada de "ressocialização", é também verdadeiramente inapto a uma proteção efetiva de seus próprios servidores contra o vírus da Covid-19.

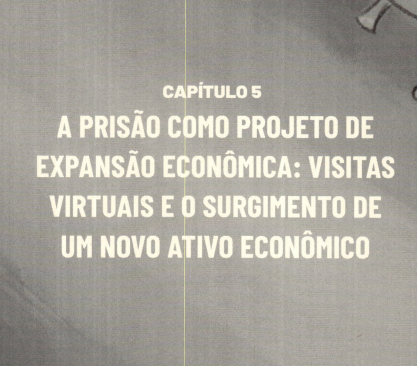

CAPÍTULO 5
A PRISÃO COMO PROJETO DE EXPANSÃO ECONÔMICA: VISITAS VIRTUAIS E O SURGIMENTO DE UM NOVO ATIVO ECONÔMICO

ESTE CAPÍTULO SE VOLTA PARA PENSAR A QUESTÃO PRISIONAL dentro de uma ideia fornecida por Joachim Hirsch, de que a cada modo de produção é demarcado um modo de regulação, como forma de garantir seu funcionamento, e o processo de acumulação daquele estágio de desenvolvimento das forças e das relações produtivas.

Nessa linha, o fenômeno prisional corresponde ao modo de acumulação capitalista, entretanto, como se tem verificado o modo de acumulação não tem se apresentado o mesmo ao longo do processo histórico, sofrendo diversos processos de transformação, de acordo como estágio de desenvolvimento das relações de produção e capacidade produtiva.

Ocorrendo o que Harvey tem chamado de um verdadeiro processo de sociometabolismo da dinâmica econômica, e que redunda em um sociometabolismo do modo de regulação e dos mecanismos repressivos e de manutenção da lógica de acumulação.

Nesse sentido e nesse contexto, a pandemia de COVID, que se está tratando no presente livro em várias de suas dimensões e que adentrou, atropelou a realidade prisional de diversas formas, aqui se insere como mais um elemento novo a interagir com o momento econômico da prisão em meio a pandemia. Porque a pandemia de COVID-19 além de uma crise sanitária e de saúde em nível mundial, também se apresenta como um elemento econômico, e a prisão não ficou imune, tampouco ao vírus como também a seus efeitos econômicos.

E são exatamente esses elementos de novidade econômica trazidos pela pandemia dentro da questão carcerária que se busca tratar nesse capítulo.

1. A PRISÃO E O ESTÁGIO DE DESENVOLVIMENTO DAS FORÇAS PRODUTIVAS

Inicialmente, revisita-se o momento fundacional da penalidade para resgatar e problematizar suas funções, não no sentido de recontar – e com isso incorrer em arbitrariedade com a história – mas para pensar a realidade atual, e se essas funções historicamente atribuídas à pena, dão conta da realidade contemporânea.

Para isso, volta-se às duas primeiras, e principais obras, que realizaram essa abordagem em uma perspectiva crítica. Constituindo-se, no principal marco teórico da economia política da pena em chave de análise materialista. A construção fundacional da economia política da pena com a obra Punição e Estrutura Social de Georg Rusche e Otto Kirchheimmer (2004) de 1939, mas que durante muito ficou esquecida nas estantes, e veio à tona no final da década de 60 com a segunda edição norte-americana, e, no final de 70, com a tradução ao italiano, por Dario Melossi e Massimo Pavarini (1979), uma vez que o livro seria complementado pelo Cárcere e Fábrica: as origens do sistema penitenciário (séculos XVI-XIX) (2006 [1977]), de autoria destes últimos; ou seja, apenas tardiamente a economia política de pena realiza sua síntese sobre a questão da punição, da prisão e sua relação com a questão do mercado produtivo e de trabalho.

Assim, essas duas obras que se complementam vão proporcionar a síntese do surgimento da prisão enquanto lócus de cumprimento de pena e a constituição da relação social do cidadão livre burguês ligado por um contrato aos seus semelhantes livres e ao Estado, e cujas relações são mediadas pela ameaça de suspensão temporal dessa liberdade – a prisão/trabalho.

Por isso busca-se resgatar a contribuição e explicação da economia política da pena, em uma perspectiva de explicação marxista, para compreender a relação dos elementos imbricados: liberdade – tempo – pena – trabalho – sociedade burguesa – mercado capitalista.

Para uma análise da velha economia política da pena, as penas diziam respeito às condições econômicas, nas quais estavam inseridas, como mostram Rusche e Kirchheimer (2004), com o uso da multa, indenização e fiança na Alta Idade Média; período de prosperidade econômica, em que o pagamento de um determinado valor poderia se constituir em mediador das relações e das condutas sociais.

As penas pecuniárias, gradualmente, deixaram de ser utilizadas conforme os malfeitores das classes mais baixas não tinham condições de pagar por elas, deixando de se constituir em um instrumento de controle social; e, à medida que a pobreza, a incapacidade econômica e a deterioração social avançavam, as penas e o controle social necessitavam de novo foco de atenção – que seria o corpo e as chagas da massa de pobres e despossuídos.

Da mesma maneira que o uso de penas corporais não diz respeito ao estágio de desenvolvimento, enquanto civilização, ou mesmo de uma partilha ou aceitação da barbárie, como dinâmica de relações sociais; a substituição das penas corporais e do sofrimento físico, também não diz respeito a um avanço, enquanto modelo societário. Ou mesmo, como historicamente se quer crer, de um aprimoramento humanitário, mas tem a ver com as necessidades macroestruturais dessas mudanças comportamentais, em relação às pessoas, aos comportamentos e aos castigos.

Nesse contexto Rusche e Kirchheimer (2004) inserem o surgimento do direito penal moderno, como um corpus normativo regulamentador das condutas humanas, balizador da resposta estatal em relação a estas e a prisão, como lócus de depósito de pessoas atingidas, ou definidas como violadoras desse códex de conduta social; ou, em uma leitura da velha economia política da pena, é justamente nesse contexto, nessa macro estrutura de sociedade capitalista, que surge a necessidade de uma estrutura normativa, impondo o trabalho como conduta obrigatória e representativa da moral do homem livre e laborioso.

Da mesma maneira, surge (constrói-se) a instituição de confinamento chamada prisão, enquanto espaço de privação da liberdade e de ensinamento das novas condições de trabalho, não por acaso, nascem conjuntamente cárcere e fábrica, um a imagem e semelhança do outro.

Dinâmica essa voltada ao disciplinamento, que em um primeiro momento, seria proporcionada de maneira voluntariosa pelas estruturas de controle, como política de assistência social, ofertando o aprimoramento para o novo regime de trabalho capitalista; em um segundo momento, operando uma divisão social de maus pobres e bons pobres, estes, que eram dignos de pena e de filantropia caritativa, e àqueles, que eram dignos de uso da força para imprimir-lhes o hábito do trabalho mediante a privação da liberdade, em instituições de confinamento e trabalho forçado, extirpando da organização social os vícios e a vagabundagem. Nessa linha escrevem Melossi e Pavarini (2006, p. 36)

> Um estatuto de 1530 obriga o registro dos vagabundos, introduzindo uma primeira distinção entre aqueles que estavam incapacitados para o trabalho (impotent), a quem era autorizado mendigar, e os demais, que não podiam receber nenhum tipo de caridade, sob pena de serem açoitados até sangrar. O açoite, o desterro e a execução capital foram os principais instrumentos da política social inglesa até a metade do século [XVI], quando os tempos se mostraram maduros, evidentemente, para uma experiência que se revelaria exemplar. [...] além disso, ela deveria desencorajar outras pessoas

a seguirem o caminho da vagabundagem e do ócio, e assegurar o próprio autossustento através do trabalho, a sua principal meta.

Ocorre que – criado o Direito Penal como forma única de regular os comportamentos voltados para a rotina de trabalho, e, conjuntamente a instituição prisional como destino dos trabalhadores infratores ou vagabundos –, com o século XIX e a revolução industrial, tanto o direito penal quanto a prisão perdem sua função original, mas não perdem seu sentido de existir, uma vez que já não seria preciso mais de uma massa de trabalhadores tão extensa, e tampouco, da sua função pedagógica, de ensino laborioso.

Dessa maneira, a prisão e o direito penal, restam como instrumentos de monopólio da violência e da gestão da liberdade. Assim como única ferramenta, ou mesmo resultado, da resolução de conflitos sociais, cada vez mais abundantes e problemáticos nas sociedades capitalistas complexas.

Se, de acordo com essa velha economia política da pena, pode-se depreender que a estrutura jurídico-penal e a prisão surgem como instrumentos de gestão do mercado de trabalho capitalista – desde a proibição da vagabundagem, até a vedação de organização como classe laboral –, controlando e disciplinando a massa trabalhadora.

Após a revolução industrial, quando não mais se fazia necessária essa função reguladora, pois, o capitalismo já estaria atrelado ao humanitarismo liberal burguês, ou seja, com o projeto societário capitalista já implantado, a estrutura penal passa a desenvolver a função de gerenciar os despojos desse mesmo desenvolvimento capitalista desigualmente distribuído.

Com isso, pode-se apontar, a partir da contribuição da, velha economia política da pena, que a prisão e as estruturas de controle sócio-penal foram fundamentais para (1) organizar e regular o mercado de trabalho – sobretudo classe trabalhadora – massa de sujeitos indisciplinados para a condição de assalariado; (2) controlar o mercado de preços do trabalho, na medida em que era proibido organização laboral, por melhores condições de trabalho e remuneração; (3) garantir o próprio exército de mão-de-obra, uma vez que era vedado o não-trabalho (ócio/vagabundagem), e também garantiam a disponibilidade abundante de mão-de-obra, com a própria obrigatoriedade do exercício laboral; (4) também, a divisão do tempo humano em tempo de trabalho, encerrando a própria liberdade, dividindo-a de acordo com o trabalho contido nessa medida de tempo; e (5) para a produção de uma racionalidade do trabalho, pois, ao longo do tempo se produziu a divisão social de normalidade/anormalidade, desde a condição para o exercício laboral, o que Melossi e Pavarini apontam como o grande produto da prisão – o proletário (2006, p. 211).

Entretanto acredita-se, para efeito desse estudo, que essa compreensão da prisão não dê mais conta da realidade e das funções que a instituição controle sócio-penal agregou, complexificando-se ao longo do tempo conjuntamente com as transformações e desenvolvimento das forças produtivas; e com isso, transformações da centralidade desempenhada pela prisão e pelas estruturas de controle social na organização social capitalista neoliberal.

Neste ponto, portanto, busca-se inserir novos elementos de economia política da penalidade a partir do contexto neoliberal, até este momento, traçado no sentido de tentar contribuir com elementos que demonstrem o quanto o neoliberalismo, enquanto racionalidade, ultrapassa a questão econômica e tem afetado a questão criminal e as próprias definições criminológicas.

Assim, esse ponto organiza-se em três momentos: primeiro como a racionalidade neoliberal volta-se para a construção/defesa de uma suposta estrutura consensual de valores sociais, e como, esses valores essencializados estão alinhados econômica e criminologicamente; segundo, a própria construção do sujeito que passa de um sujeito produtivo (*homo laborans*), para um sujeito competitivo, calculador neoliberal, e uma atuação eminentemente centrada em si mesmo; e, terceiro, a consequência criminal e criminológica desses elementos, a influírem diretamente na forma de entendimento e enfrentamento da criminalidade no neoliberalismo, redundando em um determinado estado de coisas, que se busca compreender, desde uma economia política da questão criminal no neoliberalismo.

Em uma clara retomada neoclassicista, de acordo com a racionalidade neoliberal, de uma sociedade de valores de mercado competitivo, que se divide enquanto organização social, não mais entre trabalhador x não trabalhador ou bom pobre x mau pobre; mas sim, em negociadores x não negociadores, entre economicamente ativos x passivos, ou entraves econômicos.

Relacionado a isso, a clássica obra de Dario Melossi e Massimo Pavarini (2006) chega à conclusão ao final do Cárcere e Fábrica, que o principal produto da prisão é a produção do proletário, mediante todo o processo de conformação subjetiva/disciplinar, oferecida pela institucionalidade, circunscrevendo todos os elementos da vida do sujeito, a partir da sua relação com o trabalho. Inclusive, a própria medida de pena como tempo de privação da liberdade do corpo de trabalho – a isso que se entende, para efeito desse trabalho, como elemento central da velha economia política da pena.

Nesse sentido, pode-se apontar a principal obra, resultado da dinâmica de controle social penal por meio da prisão, não como sendo o trabalhador; mas, determinada racionalidade que transformou o sujeito em objeto econômico; o que, atualmente, o neoliberalismo eleva ao paroxismo, com a ideia de homem-empresa, ou sujeito negociador de si mesmo.

Esses dois elementos de contexto, em conjunto vão proporcionar o fundamento para uma série de transformações na forma de ver a questão criminal, no neoliberalismo, assentando as bases para uma visão econômica da própria vida social "a família, o casamento, a delinquência, o desemprego, mas também a ação coletiva, a decisão política e a legislação, tornam-se objetos de raciocínio econômico" (DARDOT; LAVAL, 2016, p. 214).

Se outrora a defesa social apresentava-se como garantia e defesa de elementos de mercado, tais como, a propriedade privada ou mesmo a própria garantia de força de trabalho; no mercado neoliberal a própria defesa social constitui-se em mercadoria, em produto de uma relação negocial, no que Christie também foi precursor em anunciar como indústria (seria melhor dizer mercado?) do controle do crime.

Nessa linha, pode-se apontar alguns elementos desse mercado neoliberal, da prestação de serviço de segurança e do controle do crime – o governo através do crime (SIMON, 2017).

2. SUBSUNÇÃO VIRTUAL DO TRABALHO AO CAPITAL E A LIBERDADE COMO COMMODITY

Como se pode verificar unidades já contam com a capacidade de explorar a quase totalidade de sua população prisional e de sua estrutura, como por exemplo a Penitenciária Industrial de Joinville, ou a Penitenciária de Curitibanos, ou ainda a Penitenciária Agrícola de Chapecó, fazendo jus ao que Gilmore chamaria de diversas formas de extração de mais valia da prisão.

No atual regime de gestão da prisão a que adere o governo e a política penitenciária brasileira e a política catarinense é o plano piloto, na qual não tem nada de ressocializante; e sim, de exploração de um exército interminável de força de trabalho a baixo custo. É muito interessante resgatar Iñaki Rivera Beiras (2019), quando, na mesma linha que Baratta (2019) já apontava, a importância de não se perder ideia de reintegração social do apenado (não ressocialização, que se apresenta como discurso legitimador da pena e da prisão há mais de 200 anos incumprida), mas sim a necessidade de abrir as portas da sociedade para o reingresso do condenado, com políticas concretas de reinserção social, como por exemplo, políticas e acompanhamento pós-prisional.

No sentido que dava Baratta (2011) e que resgata Beiras (2019), da reintegração social não através da prisão, mas apesar da prisão. E, nesse sentido, a pesquisa se depara com a inexistência de dados acerca do pós-cumprimento de pena.

Parece que cada vez mais, não só o sistema de justiça se volta inteiramente para a prisão, não obstante seu fracasso declarado (Andrade, 2015), mas também o sistema econômico também começa a identificar o potencial de exploração do complexo prisional.

Realidade na qual, a remuneração, aos moldes de como prevê a LEP (Lei 7.210/84), e em que apenas ¾ fica para o trabalhador/apenado (art. 29), enquanto ¼ serve a remunerar o contrato/parceria/convênio firmado entre o Estado e a empresa, e ai começa a mais valia (mas não termina).

A remuneração do reeducando, por sua vez, fica depositada, em um fundo, chamado pecúlio, do qual o apenado poderá fazer uso, para, em primeiro, pagar o ressarcimento da vítima do delito, e ressarcir o Estado com as despesas do condenado; e só então, prestar assistência à família, salientando que o valor só pode ser usado ao longo do cumprimento da pena, seguindo os rígidos e taxativos limites previstos na legislação estadual (art. 60 da LC 520/11)[15].

Não podendo fazer uso de mais de 25% do percebido mensalmente pelo trabalho do preso, conforme artigo 103 da mesma Lei Complementar.

---

[15] O Projeto de Lei 8806/17, já aprovado na Câmara dos Deputados prevê que tal trabalho sirva para pagamento dos custos da condenação, no melhor estilo de escravidão pelo sistema penitenciário e de pagamento com trabalho punitivo.

Cumpre chamar a atenção, que pecúlio também era chamado o fundo a que estava autorizado o escravo fazer mediante trabalho extra nas cidades, a que se dava o nome de *escrava ou negro de ganho*, remuneração pelo trabalho a que o senhor também tinha direito a uma parte; mas a remuneração ficava em sua maior parte, guardada, para o escravizado poder juntar e comprar sua alforria (GORENDER, 2016 a).

Outro dado interessante de pesquisa é que, apenas 8 unidades prisionais responderam que os presos que trabalham para a conservação da unidade prisional – os chamados regalias –, e que, portanto, não estão ligados a nenhuma empresa privada, recebem remuneração e o chamado pecúlio, além da remição, que, ambos, são direitos do reeducando na execução penal previstos na LEP no artigo.

Não obstante não tenha sido objeto de inquirição nesse sentido – pois careceria de uma abordagem qualitativa mais imersiva e ampla –, fica a provocação, de, se não recebem remuneração os presos regalias, seria por incapacidade (ilegal) financeira do Estado? ou mesmo estratégia de fazer com que os reeducandos agradeçam a filantropia oferecida pela empresa privada? Forçando a própria lógica do sistema na direção do processo de privatização e financeirização do complexo penal? Inserindo de vez, a lógica da administração prisional na perspectiva neoliberal da gestão eficiente em custos?

Assim, diante desses dados, e da abordagem materialista empreendida até esse momento, acredita-se que a prisão enquanto complexo prisional a ser explorado, se apresenta como a nova etapa da expansão do capitalismo na periferia capitalista, aos moldes do já realizado no capitalismo desenvolvido, com a particularidade de seguir produzindo os mesmos índices de violência e sofrimento de sua história, cumprindo – além da novíssima função de acumulação de capital – a sua velha função de produção de terror de classe.

Nesta linha segue a brilhante análise de Joachim Hirsch na obra teoria Materialista do Estado (2014) acerca da configuração do modo de acumulação que tem intrínseca relação e uma permanente dialética com o modo de regulação, aponta:

> Cada formação histórica capitalista adquire sua estabilidade transitória através da conformação de um modo de acumulação compatível como o modo de regulação (2014, p. 108)

E continua:

> Mas um regime de acumulação estável só pode formar-se quando se impõe simultaneamente um contexto de regulação correspondente. Ambos devem ser vistos como o resultado de confrontações e lutas sociais em diferentes planos da sociedade, cujo desenlace não pode ser pré-determinado objetivamente, mas depende da força, das estratégias e das conquistas dos atores em jogo (2014, p. 108)

Essa socialização, no capitalismo neoliberal quer dizer, a transformação do direito à segurança em oferta de um segmento de serviço, a ser explorado, e entregue à sociedade, mediante a devida criação de capital; diga-se, de pagamento.

Neste contexto teórico, cria-se uma ampla gama de produtos resultantes dessa racionalidade criminal neoliberal, em que se pode apontar de maneira sumária:

(i) amplo segmento da segurança privada, que inclui poderosas corporações de serviços de vigilância, de monitoramento eletrônico, sistemas de alarme, a indústria de utensílios de proteção, como fechaduras, blindagem;

(ii) equipamentos para instituições prisionais e órgãos de segurança pública, constituindo-se em uma poderosa indústria logística de produção e cuidado com o fornecimento de uniformes, alimentação, transporte e toda gama de elementos essenciais para o funcionamento prisional e do controle sócio-penal em todas as suas fases;

(iii) a tecnologia de controle, que se apresenta como o segmento de alta complexidade, e rentabilidade, que gere/produz tecnologia de ponta, direcionada às instituições de controle (prisões, delegacias...), tais como, detector de metais, aparelhos de raio-x, tornozeleiras eletrônicas, bloqueadores de sinais telefônicos, dispositivos para controle/fiscalização de uso de drogas; armas não letais como o teaser (...);

(iv) o próprio cárcere privado, ou gerenciamento terceirizado, que são apresentados como a grande solução para o problema do gasto com o encarceramento, transformando-o em negócio imensamente lucrativo, como se verifica com o crescimento das empresas, com capital aberto na bolsa de valores, e, que tem sido vendido como a pedra angular para o problema da superlotação carcerária e ineficiência de gestão; empresas nas quais o preso ou as vagas prisionais são constituídos em matéria prima do negócio carcerário, de maneira clara, separando a propriedade pública da instituição, e sua gestão, que é terceirizada, como se fosse uma S/A de encarceramento;

(v) por fim, nesse rol meramente exemplificativo, a utilização de mão de obra prisional, que diferentemente da prisão-fábrica, quando era utilizado como forma de introdução da ideologia do trabalho; no neoliberalismo, a prisão se apresenta pura e simplesmente como repositório de força de trabalho, abundante, a ser explorada mediante contratos de prestação de serviço; uma massa de mão de obra, a baixíssimo custo, posto que seus valores são uma ínfima parcela do trabalho livre.

Além de não haver todo o encargo com o trabalho livre, assistência e seguros, todos decorrentes da legislação trabalhista (se ainda existente), sendo um trabalho tomado sem qualquer ônus ou problema, uma vez que está sob severa disciplina carcerária e que a qualquer momento pode se constituir em falta institucional, e com o regime mais severo de pena.

Pode-se verificar, conforme pontua Silvio Cuneo Nash (2017), a expansão do sistema de controle sócio-penal em duas direções, uma expansão vertical com o puro e simples aumento espantoso de pessoas encarceradas, o que Stanley Cohen (1988) chamou de a manutenção do *hard control*, em relação ao qual, o Estado não abre mão, mesmo em momentos de desregulamentação e cortes orçamentários, ou em momentos que índices de criminalidade .

A partir dessa interpretação e análise, insere-se a prisão enquanto dinâmica de regulação, e baseada na política neoliberal, de encarceramento em massa, como resultante de determinada perspectiva política, plasmada em uma política criminal, que serve substancialmente aos ditames do capital, no Século XXI.

Na qual, para os objetivos desse trabalho, apresenta-se como uma dinâmica de regulação necessária para o projeto (modo) de acumulação. Uma dinâmica histórica, que, como o próprio Hirsch aponta, depende da conjuntura e da composição das forças sociais.

Rusche e Kirchheimmer (2008) já demonstraram que o uso (adoção) do trabalho prisional e a pretensão de tornar a prisão lucrativa no século XIX, não funcionou ou não foi permitida justamente por essa correlação de forças sociais.

Naquele momento, a própria lógica de organização (crescente) do trabalho, viu tal dinâmica como nociva às relações laborais e organizativas. Pode se dizer o mesmo do que se tem chamado de período fordista, que era marcado justamente pela forte organização da classe trabalhadora, em meados do século XX (ao menos nas regiões de capitalismo desenvolvido).

Mas essa perspectiva se apresenta forte no século XXI neoliberal, pois, um dos primeiros passos para a mudança nessa correlação de forças, inicia-se na década de 70 do século XX, com o processo de enfraquecimento/esfacelamento da organização laboral (sindical), e, culmina, com a década de 90 e início do século XXI com uma dinâmica acentuada de desregulação e enfraquecimento das relações produtivas, bem como, com a consolidação de uma classe trabalhadora desprovida da consciência de classe, composta por seres sociais fragmentados.

Onde se apresenta fundamental entender, como isso tem reflexos e interage diretamente com o processo de encarceramento em massa, e, a retomada de projeto de tornar a prisão lucrativa. Ainda que não no mesmo sentido do século XIX, mas ainda assim, intimamente ligado ao modo de acumulação e enfraquecimento das relações laborais.

Diante desse contexto, permite-se que a dinâmica prisional do encarceramento massivo proporcione, em termos de regulação, encontrar uma nova onda de justificação e legitimação (por meio do trabalho, que oferece uma legitimação de fácil adesão e apelo), permitindo o ciclo cada vez mais ampliado de segregação prisional.

Assim como, em termos de acumulação, se apresenta como a oferta cada vez maior (diretamente proporcional à população prisional crescente e ao encarceramento ascendente) de um exército de mão de obra. O que permite a extração de mais-valia ampliada, aprofundada, com o trabalho prisional. Processo que se apresenta facilitado e rentável, por diversas razões:

1. o trabalhador encarcerado não se constitui em classe trabalhadora, portanto não faz jus as garantias trabalhistas e todos os custos que advém dessa condição[16], que ainda interferem no valor do

---

[16] Artigo 51 da LC 529; Art. 51. O trabalho do condenado, como dever social e condição de dignidade humana, terá finalidade educativa, produtiva e de reintegração social [...] § 2º O trabalho do preso não está sujeito ao regime da Consolidação das Leis do Trabalho.

produto final, permitindo em termos de mercado disponibilizar uma mercadoria com preço mais competitivo[17];

2. o trabalho prisional não tem problemas, em relação a organização dos trabalhadores, e aos "problemas" que isso eventualmente podem ocasionar, como greves, paralisações, exigências de salário, afinal de contas não recebem propriamente salário e tampouco se constituem em classe trabalhadora; além do fato da organização prisional e sua estrutura de controle inviabilizar toda e qualquer forma de insubordinação;

3. não se enfrenta, da mesma forma, empecilhos à produção, tais como, falta ao trabalho, licença por doença, atrasos na jornada de trabalho; ou como diria o próprio Marx:

> No lugar do chicote do feitor de escravos, surge o manual de punições do supervisor fabril. Todas as punições se converteram naturalmente em multas pecuniárias e descontos de salário, e a sagacidade legislativa desses Licurgos fabris faz com que a transgressão de suas leis lhes resulte, sempre que possível, mais lucrativa do que sua observância (MARX, 2017, p. 496)

Na tomada de trabalho neoliberal, se substitui o supervisor fabril pela administração e pelo agente penitenciário, remunerado pelo Estado e punido pelo Estado.

4. se produz um processo extremamente descarado de desvalorização do trabalho em termos de valor, juntamente com precarização de condições de trabalho;

5. apresenta-se, novamente, como no século XIX, em um ótimo mecanismo de regulação do valor da mão-de-obra no mercado externo, rebaixamento de salários, afinal de contas, porque razão ou elevado senso de prodigalidade, um empresário neoliberal arcaria com os custos de um empregado, podendo tomar a força de trabalho prisional com todas as suas economias financeiras e operacionais?

---

[17] Fragmento de entrevista concedida pelo Secretário de Justiça e Cidadania do Estado de Santa Catarina acerca do projeto "Por outro lado, as empresas conveniadas ficam dispensadas do pagamento de 13º salário, FGTS, INSS, aviso prévio, bem como alguns impostos e outros benefícios trabalhistas. Como contrapartida, investem na estrutura das oficinas de trabalho dentro das unidades prisionais e essas benfeitorias poderão ficar na unidade prisional se ocorrer rescisão do contrato de trabalho" Fonte: http://www.sjc.sc.gov.br/index.php/noticias/todas-as-noticias/8715-ressocializacao-em-santa-catarina-31-da-populacao-carceraria-trabalha-dentro-das-unidades-prisionais.

6. além do fato, da tomada de mão-de-obra barata, obediente e controlada pela administração prisional, tem-se a economia com parcela dos meios de produção, como o local (imóvel) e a manutenção do mesmo (energia elétrica p.ex.) que ficam a cargo do Estado, já que dentro da unidade prisional; fazendo o negócio dupla ou multiplamente vantajoso para o capitalista/empreendedor, uma vez que economiza tanto com o valor dos salários, quanto com o capital constante (meios de produção); ocasionando um contrato altamente rentável e meio de acumulação.

A isso que Mathias Seibel Luce (2018), chamaria de cisão das fases no ciclo do capital, referindo-se à dissociação do ciclo produtivo das necessidades das massas[18], o que aqui toma-se, no sentido de como o discurso do trabalho na prisão serve para justificar e retomar a perspectiva do trabalho prisional.

Ainda que, em uma perspectiva absolutamente nova, mas que inaugura a nova transformação, tanto do trabalho, como das relações de prisão e mercado, e as dinâmicas de controle social. Demonstrando, justamente a capacidade sociometabólica (HARVEY, 2018) do capitalismo (mais uma vez).

Assim como da prisão, que se reinventa enquanto modo de regulação, alinhado com o capital como modelo de organização social.

Como aponta Lauren-Brooke Eisen (2019), o trabalho prisional, o discurso da ressocialização e a projeção de construção de um modelo prisional eficiente, nada mais é do que a dinâmica de Policy makers, e que serve como estratégia de encobrimento e como objetivo meramente declarado (ANDRADE, 2015), servindo para camuflar uma proposta, e perspectiva de exploração da prisão enquanto lócus de extração de lucro – trabalho prisional e complexo de serviços – quando, em realidade, sua dinâmica está absolutamente dissociada da necessidade ou intencionalidade de produzir qualquer processo de reintegração social.

---

18 Aborda, sobretudo, a dinâmica de distanciamento/dissociação, dos interesses do capital em relação as necessidades das massas, no ciclo produtivo a partir da dinâmica expansiva do capitalismo dependente e de consolidação de economias industriais no decorrer do século XX, e Para saber mais, ver: LUCE, Mathias Seibel. Teoria Marxista da Dependência: Problemas e Categorias – uma visão histórica. São Paulo: expressão popular, 2018.

Nesse sentido, que escreve Lauren-Brooke Eisen:

> Indeed, whether through slavery or incarceration, the United States has a long history of using captive labor for economic purposes, separate and apart from the moral or ethical questions that these practices present. Incarcerated people, much like slaves, were first and foremost a cheap and disenfranchised form of labor[19] (EISEN, 2019, p. 47).

O que permite a extração de mais-valia ampliada, e uma nova etapa de expansão do capital, mediada pelo trabalho prisional, porque com o trabalho nas prisões "profit is directly linked to a constant and increasing supply of incarceration prisoners. For the first time, it is in someone`s self-interest to foster and encourage incarceration"[20] (EISEN, 2019, p. 64).

Também, ao mesmo tempo em que permite a regulação do mercado de trabalho externo, contribui com a dinâmica de precarização das relações produtivas (em andamento), resgatando novamente o princípio da *less eligibility* (menor elegibilidade), proposto por Dario Melossi e Massimo Pavarini (2006).

Afinal, a prisão se torna concorrente na oferta de mão de obra (por um preço muito mais baixo), permitindo com que o mercado e o capital ganhem dentro e fora da prisão, as custas do trabalho do lado de cá e de lá dos muros.

Nos dois primeiros capítulos trabalhou-se com a subsunção formal e material, em diferentes momentos de expansão e reprodução ampliada do capital, que se resgata na síntese proporcionada por Marcelo Badaró Mattos,

> no chamado capítulo inédito de O capital, Marx definiu a subsunção formal e a subsunção real do trabalho ao capital. Associando a primeira forma ao mais-valor absoluto e a segunda ao mais valor-relativo, Marx procurou demonstrar que o processo se inicia pela subordinação direta dos trabalhadores aos capitalistas, quando estes passam, na condição de proprietários/possuidores dos meios de produção, a controlar o tempo e as condições de

---

19 Tradução livre: De fato, seja por meio de escravidão ou encarceramento, os Estados Unidos têm uma longa história de uso de trabalho em cativeiro para fins econômicos, separados e separados das questões morais ou éticas que essas práticas apresentam. Pessoas encarceradas, como escravos, eram antes de tudo uma forma de trabalho barata e desprovida de privilégios.

20 Tradução livre: "o lucro está diretamente ligado a um suprimento constante e crescente de presos. Pela primeira vez, é do interesse de alguém promover e incentivar o encarceramento".

trabalho daqueles que foram reduzidos à condição de proletários. O passo seguinte, da subsunção real, apresenta-se como decorrência da acumulação apropriada pela etapa anterior e se materializa pela aplicação da ciência e da maquinaria à produção imediata (BADARO MATTOS, 2019, p. 27)

Nesse novo momento de reprodução e expansão ampliada do capital, agrega-se o que acredita ser a ideia de subsunção virtual do trabalho ao capital, consoante sinalizado por Hirsch (2014), ainda que não denominando dessa maneira, situa o indivíduo humano (ser social), cada vez menos como sujeito e protagonista do processo produtivo, e cada vez mais, pura e simplesmente, enredado enquanto um objeto/parte/componente – espiritual e intelectivo –, imerso na dinâmica do capital.

No qual seu trabalho se apresenta, de maneira crescentemente improdutiva e abstrata[21], além de ter cada vez menos poder de servir como elemento de rompimento com as dinâmicas do capital. Demonstra-se como uma relação que simplesmente permite e proporciona o processo de aprofundamento da lógica de submissão e exploração, marcado pela constante e intensa marginalização social e econômica.

Continuando na esteira proposta por Hirsch (2014), a dinâmica de expansão do capitalismo, historicamente, sempre se deu a partir da ampliação da exploração da terra, das tecnologias; e para efeito dessa investigação, trabalha-se com a ideia de que, quando não havia mais terras a desbravar e povos a dominar, e quando a tecnologia chega em um auge, que mais parece o cume de sua capacidade produtiva, parece que o destino mais lógico é a exploração da prisão.

Com isso, a expansão do capitalismo em sua face/fase neoliberal se volta e avança novamente sobre os trabalhadores, como processo de precarização e sucateamento da própria ideia de classe, e seus elementos custosos ao capital. Esse é exatamente o momento em que se verifica o retorno do capitalismo para dentro da prisão, enquanto lócus

---

21 Acrescenta Marcelo Badaró Mattos sobre trabalho abstrato e concreto, e trabalho produtivo e improdutivo: "a terminabilidade do trabalho decorreria de uma ditadura do trabalho morto. As transformações tecnológicas em curso decretariam o fim da possibilidade de qualquer utopia baseada no trabalho (e, portanto, nos trabalhadores, também eles condenados a perecer). As distinções categoriais entre trabalho produtivo (que gera mais-valor) e improdutivo (que não gera mais-valor), assim como entre trabalho concreto (criador de valores de uso, sociometabolismo da humanidade com a natureza etc.) e trabalho abstrato (produtor de valores de troca, subsumido ao capital, estranhado/alienado etc.). (BADARÓ MATTOS, 2019, p. 98).

produtivo a ser explorado. Assim como seu crescente contingente de mão de obra – exército industrial.

Ruth Wilson Gilmore (2007), desde a experiência norte-americana, narra o contexto e os elementos que situam o ressurgimento da dinâmica de produção/extração de mais-valia prisional, como sendo composta, ou resultado, de outros diferentes tipos de mais-valia (ou excedente).

Elenca quatro tipos de mais-valia, que permitem o crescimento da empreitada prisional enquanto projeto socioeconômico, e, dentre eles, em primeiro lugar, o que ela chama de (1) mais-valia do capital financeiro, pois, segundo ela, valor que não está em movimento, não é capital (GILMORE, 2007, p. 58); nesse sentido que, em momento de recessão, ou estagnação, que o capital procura novos projetos e espaços de investimento – como o foi o período da pandemia de COVID-19.

É exatamente com a eclosão político-econômica, ou racionalidade neoliberal, que o capital avança sobre o mercado de serviços, como nova etapa de expansão de investimentos, e dentre esses, o capital financeiro visualiza um imenso potencial nos serviços prisionais, mediante investimento de capital privado, e pagamento por meio de títulos públicos – como forma de negócio/contratação garantida, segura.

Ainda que o Estado se desonere das atribuições materiais (execução), nãos se desonera das atribuições se responsabilidade financeiras (dívida pública).

Nesse sentido, o processo de retração do Estado e o afastamento da execução de diversos setores de serviços, iniciada no que se denominou de crise do Estado de Bem-estar (crise do modelo fordista), a nova dinâmica financeira extrai excedente de capital, avançando sobre as atividades estatais, produzindo ativos financeiros (e lucro) com contratos de pagamento (liquidez) garantido.

Aponta como o capital tende a acumulação e expansão, e em períodos de estagnação, o capital também tende a migrar, mediante uma dinâmica dupla que ela chama de compatibilização simultânea de duas lógicas: equalização e diferenciação.

Sobre equalização, aponta que o capital necessita de constante movimento, e nesse sentido, transforma a terra em um espaço universal de exploração e extração de lucro, o que remonta a ideia inicial da teoria da dependência acerca da divisão internacional do trabalho e do capital.

Ao mesmo tempo em que se desenvolve a dinâmica da diferenciação, pois a circulação do capital proporciona uma lógica de acumulação de capital de determinados lugares, em detrimento de outros, ou seja, a lógica de circulação de capital e intercâmbio se apresenta profundamente desigual.

No que diz respeito à (2) mais-valia da terra, com o processo de circulação e migração de capital, o mesmo – diante da estagnação – passa a investir em serviços e outros tipos de contrato; que não necessariamente dependem de trabalho produtivo, mas que possam ser financeirizados; produzindo uma redução drástica e rápida de investimentos, como por exemplo a agricultura, gerando assim uma crise, desvalorizadora da terra; que se apresenta como uma ativo de fácil absorção/aquisição, para outras finalidades; como a construção de prisões, como novo foco de investimento.

A autora chama essa dinâmica de destruição criativa do capital, permitindo gerir o mercado da terra e direcioná-lo para outro segmento enquanto mercadoria; o que Karl Polaniy (2012) já havia chamado de mercadorias fictícias, submetidas as regras e aos interesses do mercado, no neoliberalismo, é transformado em mercadoria abstrata, em ativo financeiro, coproduzindo as próprias regras e funcionamento de mercado.

Nessa linha, acerca da mais valia da terra Ruth Gilmore escreve:

> Surplus land is not empty land. Devalued residential, retail, manufaturing, and other built improvements are symptons of stagnant or shrinking local economies. High unemployment can serve as a guide for locating surplus land, because it is an indication thar capital has reorganized in,
> or withdrawn from, the area. An example or reorganization is investment in labor-saving technology: capital is still here, value is still produced, but less value circulates as wages. In other words, the local production of surplus land - or labor - can go hand in hand with a rise or a fall in the local production of surplus value[22] (GILMORE, 2007, p. 69)

---

[22] Tradução livre: Terra excedente não é terra vazia. Desvalorizações residenciais, de varejo, de fabricação e outras melhorias construídas são sintomas de economias locais estagnadas ou em retração. O alto desemprego pode servir como um guia para localizar terras excedentes, porque é uma indicação de que o capital se reorganizou ou se retirou da área. Um exemplo ou reorganização é o investimento em tecnologia de economia de trabalho: o capital ainda está aqui, o valor ainda é produzido, mas menos valor circula como salário. Em outras palavras, a produção local de terras excedentes - ou mão-de-obra - pode ser acompanhada de um aumento ou queda na produção local de mais-valia.

Agrega ainda, o que chama de mais valia da capacidade estatal, ou mais precisamente a produção de excedente de relações de poder, de força, legitimidade e império estatal, no processo de produção de consenso, em torno de determinações e escolhas políticas, mediante leis, políticos, regulamentos, burocracia, agências reguladoras.

Ou seja, Gilmore (2007) aponta que esse excedente advindo da força pública, se apresenta como resultado do acúmulo dos anos de bem-estar social, e que, perfazem-se, sobretudo por meio do acesso à mídia, e aos mais variados mecanismos, ou como aponta Althusser (1985), aparelhos de estado, de sustentação e convencimento.

O que permite ao Estado, consoante define Ludovico Silva como mais-valia ideológica (2013, p. 164 ss), produzir consenso e validação em torno de interesses sociais de mercado, como se fossem em benefício de todos.

Isso apresenta, no caso do encarceramento em massa, ou mais especificamente, no caso do trabalho prisional, ou construções sempre insuficientes de unidades prisionais, como sendo em benefício das suas localidades, em nome da maior segurança, como fomento da economia, como ampliação de postos de trabalho, ou mesmo, pura e simplesmente, justificando a intervenção privada, como otimização e eficientização de recursos públicos.

Todos os recursos argumentativos, que escondem valores e interesses sociais, que tem ampla adesão e capacidade de convencimento.

Por fim, o que denomina de população excedente relativa, na qual aponta que a dinâmica moderna, e a neoliberal mais ainda, gerencia (e portanto, consegue persistir e muito bem), com determinados níveis e índices de desemprego, e esse processo de gestão se dá seletivamente a partir dos processos de migração, e desde uma questão racial e classista, que permite manter e gerir em condições extremas de trabalho e vida, ou mesmo fora de trabalho, determinados segmentos, grupos, contingentes indesejados, racial ou etnicamente identificáveis.

Nesse sentido escreve, acerca da reorganização do mercado de trabalho, a partir das necessidades de modernização financeira e eficiente da dinâmica de exploração do trabalho:

the ferment produced a growing relative surplus population - workers at the extreme[23] edges, or completely outside, of restructured labor markets stranded in urban and rural communities [...] Capital must be get rid of workers whose labor power is no longer desirable - whether permanently, by mechanical or human replacement, or temporally by layoffs - and have access to new or previously idled labor as the need arises (GILMORE, 2007, p. 70-1).

É interessante, mesmo consideradas populações fora do mercado produtivo, decorrente da reestruturação econômica, modernização das forças produtivas, seguem cumprindo, para a mesma dinâmica, um papel importante, que é o que Marx (2017) denomina de exército industrial de reserva.

É nesse sentido que se extrai mais-valia da população relativa, no mesmo caminho, em que não estão nos planos do mercado produtivo, estão no caminho da marginalização, e do aprisionamento. E por essa via, e nessa condição, voltam a fazer parte dos planos da exploração capitalista, enquanto mão de obra e força de trabalho superexplorada.

Como escreve Marcelo Badaró Mattos:

> Essa superpopulação relativa que é produto necessário da acumulação, também se constitui em alavanca da acumulação capitalista por representar um exército industrial de reserva, disponível para ser explorado pelo capital, independentemente do aumento populacional. A cada novo setor da economia ou região do globo desbravados pela expansão capitalista, esse exército estará disponível para produzir mais-valor, na mesma medida que sua abundância garante ao capital a possibilidade de manter os salários dos efetivamente empregados em um nível suficientemente baixo para que os processos cíclicos de variação da taxa de lucro não signifiquem um freio definitivo à acumulação (BADARÓ MATTOS, 2019, p. 37)

A isso que Lauren-Brooke Eisen (2019) chamaria de prisioneiros como commodities, a serem negociadas no mercado de tomada de trabalho prisional, em um processo e dinâmica de privatização fragmentada (fatiada) dos mais variados segmentos que compõem o complexo industrial, e se constituem justamente na riqueza transformada a prisão em negócio (ativo financeiro).

---

[23] Tradução livre: o fermento produziu uma crescente população excedente relativa - trabalhadores nos extremos, ou completamente fora, de mercados de trabalho reestruturados presos em comunidades urbanas e rurais. O capital [...] deve se livrar dos trabalhadores cuja força de trabalho não é mais desejável - seja permanentemente, por substituição mecânica ou humana, ou temporalmente por demissões - e ter acesso a mão de obra nova ou ociosa conforme a necessidade.

Seguindo na mesma linha de análise e interpretação de Karl Polanyi (2012), em que a expansão do capital se volta para áreas ainda não desbravadas, mediante a criação de mercadorias fictícias, como o próprio dinheiro (rentabilidade financeira) a terra, o trabalho, e agora a prisão, como reunindo esses três elementos, potencialidade financeira, espaço/território, e trabalho em abundância.

Agora, na pandemia de covid-19, outra nuance de liberdade se mercadoriza, que é a comunicação dos presos com familiares, e com seus próprios advogados, mediante o processo de virtualização – as visitas virtuais via teleconferência, via serviços de comunicação a disposição de um amplo mercado já altamente desenvolvido, que ainda se tinha muita reticência na prisão como medida de segurança, e que em decorrência da pandemia se impõe, demonstrando logo em seguida seu potencial exploratório.

Especificamente em Santa Catarina, com o advento da COVID-19, a Secretaria de Estado da Administração Prisional e Socioeducativa (SAP) suspendeu as visitações dos familiares a partir da publicação da Portaria nº 191/GABS/SAP, de 18/03/2020.

Passado determinado tempo após a suspensão e o gradativo retorno às atividades, o ente implementou, por meio da Portaria nº 254/GABS/SAP, DE 07/04/2020 as chamadas "visitas virtuais". Essas atividades só foram possíveis após a SAP implementar medidas e adquirir tecnologias suficientes para a implementação de tais intentos (SANTA CATARINA, 2020b).

A partir da necessidade criada pelas visitas virtuais, foram abertos processos licitatórios para a compra de materiais informáticos suficientes a cumprirem com as demandas de visitações virtuais. Esses processos, que estão disponíveis para a consulta pública através do Sistema de Gestão de Processos Eletrônicos do Poder Executivo de Santa Catarina (SGPE)[24], tiveram como objeto, portanto, o cumprimento de tal demanda.

O processo SAP nº 00032935/2021 foi um deles. Esta licitação em específico, teve como objeto a aquisição de "1000 (mil) equipamentos Acess Point", tendente a "atender às solicitações do judiciário e da OAB, e também a garantir a continuidade nos serviços internos das unidades frente à Pandemia do Covid-19" (SANTA CATARINA, 2021d). Ainda segundo os documentos e manifestações constantes no referido processo, a aquisição traria:

---

[24] https://portal.sgpe.sea.sc.gov.br/portal-externo/inicio

> [...] maior segurança para a troca de dados e auxiliará na realização das videoconferências entre os internos, seus advogados (parlatório virtual, direito adquirido judicialmente pela OAB) e familiares e, ainda, nas videoaudiências" (SANTA CATARINA, 2021d).

O custo final da compra de tais materiais conforme contrato final n° 118/2021, decorrente do pregão eletrônico 071/SAP/2021, constante no processo SAP n° 00032935/2021, totalizou R$ 769.000,00 (setecentos e sessenta e nove mil) (SANTA CATARINA, 2021d).

Ruth Gilmore demonstra como os índices de desemprego tiveram uma elevação, desde 1973, até 2000, havendo um crescimento constante anualmente, acerca do desemprego (diminuição dos postos de trabalho) que vai, de 624.000 mil pessoas (1973), chegando a um ápice de 1.570.000 pessoas desempregadas (1993) e tendo uma leve diminuição, para 845.000 mil pessoas (2000).

Enquanto paralelamente, se verifica um aumento também constante do uso da mão de obra prisional, que vai de 22.500 presos trabalhando (1973), passando a 161.500 mil pessoas presas trabalhando (2000) (GILMORE, 2007, p. 73).

Por isso, faz-se imensamente interessante a articulação teórica realizada por Ruth Wilson Gilmore (2007), na qual demonstra a conjunção de fatores, financeiros, acesso e investimento na terra e moradia, atuação estatal-ideológica, e gerenciamento de superpopulação relativa e índices de desemprego, em um direcionamento de destruição criativa, e reprodução ampliada e expansão da lógica do capital para dentro do complexo prisional, e mediante uma dinâmica de produção, e extração de mais-valia. Ou seja, pode-se cada vez mais contar a historia presente da prisão em cifras, em porcentagens, em valores em índices e custos, em rentabilidade, mostrando a sua nova face a partir de uma nova critica da economia politica da penalidade

Como conclui Ruth Gilmore,

> the new state built itself in part by building prisons. It used the ideological and material means at hand to do so, renovating its welfare-warfare capacities into something different by molding surplus finance capital, land and labor into the workfare-warfare state[25] (GILMORE, 2007, p. 85)

---

25 Tradução livre: o novo estado construiu-se em parte construindo prisões. Utilizou os meios ideológicos e materiais disponíveis para fazê-lo, renovando suas capacidades de bem-estar para algo diferente, moldando o excedente de capital financeiro, terra e trabalho em um estado de trabalho e guerra.

Nessa linha que se permite chegar a compreensão de que a atual fase da expansão do capitalismo, segundo Hirsch, se daria em duas direções, interna, mediante o processo de racionalização e eficientização de suas técnicas, bem como externa, produzindo novos mercados antes inexistentes, ou não submetidos a lógica do mercado, como o era a ideia de monopólio da violência encerrado nas prisões, sob a tutela e controle do Estado, a partir de uma ideia de interesse público (ainda que isso fosse uma falácia, ainda era menos assustadora).

Com o processo neoliberal em curso, verifica-se que a expansão do capitalismo tem se dirigido para a prisão, justamente nos dois sentidos, seja no sentido de eficientização em custos da administração prisional e da própria política criminal, gerando um imenso mercado de securitização, como já apontado de maneira visionária por Nils Christie (1993).

Seja também para o processo de tornar a prisão um verdadeiro canteiro de obras e complexo industrial prisional produtivo, à baixo custo, e no qual os presos se apresentam como commodities a serem negociados em sua reclusão, como força de trabalho. Cada vez mais a mais valia financeira e da superpopulação relativa (excedente) são gerenciadas com maestria, quer dizer lucratividade pelo complexo industrial prisional e a pandemia trouxe mais um nicho de exploração – a comunicação que se tornou ainda mais cara no período de isolamento e fez com que a prisão pudesse ficar ainda mais isolada e rentável.

Nesse ponto, vale resgatar a definição de superexploração da força de trabalho, que tem sido a marca do avanço e etapa atual de expansão do capitalismo, e que se apresenta de maneira mais dramática na realidade de capitalismo dependente brasileiro, com suas prisões e política criminal genocida, e seu encarceramento em massa, apto a produzir um exército interminável de mão de obra.

Para isso retoma-se a contribuição de Mathias Seibel Luce (2018) que inicia apontando e explicando o que superexploração do trabalho não é enquanto definição e realidade material concreta.

A partir disso, aponta que a superexploração da força de trabalho não é simplesmente a ampliação e aprofundamento da extração de mais-valia mediante o aumento da carga ou intensidade do trabalho, ou que a superexploração simplesmente se aproxime do regime de escravidão, enquanto formas de produção de mais-valia ampliada e consumo das forças vitais do corpo negro escravizado.

A partir disso, permite-se apontar o que seria a superexploração da força de trabalho, como sendo as manifestações e aprofundamento da face negativa da lei do valor, tais como o a negação do valor produzido pela força de trabalho, pagamento da força de trabalho abaixo de seu valor; consumo das forças vitais do trabalhador e aceleração de seu esgotamento, em síntese, intercambio desigual de equivalentes. Como sintetiza o autor.

> o ímpeto do capital por se apropriar de mais-trabalho, seja reduzindo até onde puder os salários, seja incrementando até onde puder o tempo e/ou a intensidade em que o trabalhador produz para valorizar o capital vincula-se ao assunto da luta sem trégua entre dois antagonistas históricos, por um limite à duração da jornada de trabalho – e, cumpre acrescentar, pelo reconhecimento de um piso a partir do qual o trabalhador é remunerado (SEIBEL LUCE, 2018, p. 160)

E é muito interessante salientar que, a redução da remuneração, afeta diretamente o que se denomina de fundo de consumo do trabalhador; e, em se tratando de trabalhador preso, esse fundo de consumo, atinge ainda mais a teoria do valor, pois não é um valor que automaticamente reingressa no mercado, mediante nova etapa de consumo, uma vez que o trabalhador preso, só poder fazer uso (transferir para a família), uma parcela desse valor, que já se apresenta diminuto.

E as outras duas formas de superexploração, atingem, sobretudo o que se pode chamar de fundo de vida do trabalhador, uma vez que é a extração e exploração das forças físicas, saúde, do sujeito submetido a longas e intensas jornadas de trabalho.

O que no mundo neoliberal já se apresenta sob a forma de precarização das relações de trabalho, o que se intensifica atrás dos muros do complexo prisional, uma vez que se trata de indivíduos para com os quais se tem muita dificuldade de produzir empatia.

Permitindo ainda que o discurso do trabalho intramuros, independente das condições, se apresentam como uma estratégia de adesão e aceitação muito facilitada, e que permite tal projeto se apresentar tão valioso enquanto investimento em commodities humanas tornadas mercadorias no novo processo produtivo, nessa nova etapa de expansão do capitalismo e remodelação das relações produtivas chamada neoliberalismo.

A partir desses elementos que se permite associar a tomada de trabalho prisional no neoliberalismo – que se entende como *new slavery* (Alexander, 2017) –, ao uso que se fez da força de trabalho escrava na acumulação primitiva como condição para surgimento e maturação do capitalismo enquanto modo de produção social. No neoliberalismo se apresenta como resultado por um processo de acumulação que pensa não ter limites, assim prescinde da clássica ideia de classe trabalhadora.

Nessa linha, entende-se que por meio do uso da mão-de-obra prisional está-se operando um processo público-privado de produção de mais-valia absoluta e relativa conjuntamente, o que em meio a uma política de encarceramento em massa permite uma fonte inesgotável de enriquecimento às custas de sangue e suor de homens não livres explorados em troca da vã esperança da antecipação da liberdade (a promessa de remissão da pena).

De maneira conceitual e desde uma definição marxiana, pode-se delimitar a mais-valia absoluta (Marx, 2017) como a produção de mais-valor mediante a extração de valor da força de trabalho com a extensão do período de trabalho (jornada), além do necessário para remunerar a própria força de trabalho e o capital investido (meios de produção). Ainda, que o valor da força-de-trabalho é o necessário para a sua própria reprodução enquanto força de trabalho. Mas isso em condições de trabalho livre e mercado capitalista com proletariado organizado.

No caso do uso e tomada de trabalho prisional, verifica-se um rebaixamento do valor da força de trabalho, uma vez que é absolutamente supérfluo a sua manutenção, e também a própria remuneração dos meios de produção são desnecessários, tendo em vista que se apresentam como privilégio ofertado pelo Estrutura estatal em forma de prisão-fábrica neoliberal.

No que diz respeito a mais-valia relativa, está se dá como a extração de mais-valor dentro da mesma jornada de trabalho, aumentando-se a produtividade, e aí se faz fundamental o ingresso das revoluções tecnológicas proporcionando os meios para ampliação da produtividade e eficiência produtivo da força de trabalho.

A questão que fica é, será que existe lócus de produção mais propício para extrair da força de trabalho maior eficiência do que dentro de uma instituição prisional vigiada permanentemente, e na qual a ineficiência ou qualquer outra falta é apenada com regressão de regime ou qualquer outra forma de repressão penal/administrativa?

Ou ainda, se existe melhor negócio/empreendimento mais seguro do que a garantido/proporcionado tanto em eficiência, quanto em estrutura pelo próprio Estado?

Por fim, se o trabalho livre, com toda a sua regulamentação tanto normativa quanto institucional (realizado pelas organizações fiscalizadoras das condições de trabalho) se apresenta como a história da exploração e é marcada pela incapacidade de controle dos desmandos da classe e interesses capitalistas, assim como da própria lógica sociometabólica do capital.

Imagine-se toda essa intencionalidade voltada para o cárcere e dirigida aos sujeitos que foram relegados e esquecidos pela sociedade de bem extramuros, constituídos como inimigos e mercadologicamente desnecessários.

CAPÍTULO 6
PREVENÇÃO OU SEGREGAÇÃO? COVID-19 E A POPULAÇÃO CARCERÁRIA EM SANTA CATARINA

ESTE TRABALHO DESENVOLVE-SE "NO CALOR DO MOMENTO", PEN-sando nos reflexos da pandemia da Covid-19, principalmente sobre grupos expostos a maior vulnerabilidade. Quando se trata de população carcerária diversas questões vêm à tona, desde discursos moralizadores e excludentes, a grupos de militância que saem em defesa dessas pessoas.

Pensar este grupo social no contexto pandêmico, como aponta Bogo Chies e Almeida, leva em conta que pesquisar o sistema de justiça penal é se restringir "ao que tem", fazendo referência a grande dialética prisional em que "cada estabelecimento prisional é um". (BOGO CHIES; ALMEIDA, 2019, p. 67-70).

No contexto da Covid-19, algumas medidas tomadas pelo Estado intensificaram a grande dificuldade de acesso à realidade da população carcerária, visto que diversas medidas de afastamento e confinamento fizeram com que o que se passa dentro dos muros se tornasse um grande segredo. É o que apontam órgãos de militância, como a pastoral carcerária e coletivos de mães e amigos de pessoas presas por todo o país. (PASTORAL CARCERÁRIA, 2021).

No intuito de diminuir um pouco a distância entre o que se tem – por meio de dados oficiais - e a realidade intramuros, este artigo busca analisar as portarias de enfrentamento à COVID-19, emitidas pela secretaria de Administração Prisional e Socioeducativa (SAP) no Estado de Santa Catarina, confrontando-as com as demandas e denúncias trazidas pelos familiares das pessoas em situação de cárcere em protestos no decorrer dos anos de 2020 e 2021, auge da pandemia, localizados em três regiões distintas: Florianópolis (Capital), Joinville (Região Norte) e Criciúma (Região Sul).

As portarias foram emitidas durante os anos de 2020 e 2021 com o intuito declarado de prevenção e segurança nos estabelecimentos prisionais gerando uma série de mudanças nas rotinas das pessoas encarceradas, dos agentes prisionais e nos familiares dessas pessoas. Tais reflexos impactaram na rotina de visitas e na entrada de mantimentos trazidos por essas famílias dentre uma série de outras mudanças, como apontam as reportagens que deram cobertura aos protestos por familiares e que serão analisadas nesta pesquisa.

Por meio dessas reportagens, em veículos de comunicação regionais, foi possível chegar mais perto do real impacto da pandemia e das ações da administração prisional que se propuseram ao seu enfrentamento na vida das pessoas encarceradas, seus familiares e amigos, análise que foi conduzida também por uma literatura teórico crítica, sobretudo de Criminologia, fruto dos esforços de leituras realizados pelo Grupo Andradiano que se radica na Universidade (comunitária) do Extremo Sul Catarinense (UNESC).

O texto estrutura-se em quatro tópicos, o primeiro deles, *"Punição, Violência e as nuances do Grande Encarceramento"*, busca trazer um panorama histórico da construção da estrutura de dominação através do encarceramento em massa, sobretudo a partir do advento da lei de drogas, ressaltando a violência e punição sem limites que se estruturam neste processo que é também uma imposição colonial.

O segundo tópico, *"Aportes gerais do sistema de justiça penal e COVID-19: entre o caos, inconsistência de dados e a militância dos coletivos. O que se sabe até aqui?"*, tem como principal objetivo apresentar a situação da pandemia a nível nacional, demonstrando a inconsistência dos dados oficiais e a importância que os coletivos de militância exercem na luta pela população carcerária e na confrontação daquelas informações por meio de pesquisa bibliográfica em periódicos científicos utilizando como padrão de busca "covid-19 e prisões".

O terceiro tópico, *"Para além dos limites da dor: uma análise as portarias de enfretamento a pandemia e seus reflexos em Santa Catarina e a luta dos coletivos de familiares em busca de direitos"*, é a centralidade da pesquisa, onde os dados obtidos acerca do enfrentamento da pandemia confrontam-se com as principais reivindicações dos protestos dos familiares. Amarrando os dados com uma construção crítica teórica, proporcionada pelo acúmulo teórico da criminologia crítica, sociologia da violência e áreas correlatas.

O quarto e último tópico, *"Mais do mesmo: recomendações do conselho nacional de justiça (CNJ) e sua inaplicabilidade prática"*, demonstra como a recomendação nº 62 elaborada pelo Conselho Nacional de Justiça não culminou em desencarceramento como se propunha, e que as poucas pessoas que conseguiram liberdade através de tal sistemática, em verdade, já gozavam desse direito, o que demonstra uma grande distopia no que diz respeito ao cumprimento da legislação. Tal tópico também tem como finalidade trazer perspectivas abolicionistas como horizonte às questões apresentadas durante a construção do texto.

A hipótese que orienta a pesquisa é de que a pandemia aumentou a segregação social das pessoas encarceradas, transplantando os limites da dor para seus familiares, e que a legislação e a burocracia penal podem ser ferramentas de invisibilidade e justificação da barbárie. A metodologia utilizada foi pesquisa documental com esforço teórico crítico de compreender os desafios decorrentes da pandemia no sistema prisional no Estado de Santa Catarina, romper a barreira imposta pela burocracia estatal e reafirmar a importância dos movimentos de luta pelas pessoas criminalizadas e segregadas.

1. PUNIÇÃO, VIOLÊNCIA E AS NUANCES DO GRANDE ENCARCERAMENTO

Ao tratar do grande encarceramento e suas variantes deve-se partir de algumas premissas fundamentais. Para algumas organizações de pesquisa e militância, tais fatores são praticamente óbvios. O principal produto da punição estrutural brasileira são as pessoas pobres, negras e de periferia. Após o advento da lei de drogas, o total de pessoas encarceradas cresceu em números exorbitantes, e o Estado usa da violência como principal ferramenta de manutenção de sua estrutura de dominação. (IDDD, 2017, p. 4-5; PEDROSO, 2002, p. 27).

Partindo da premissa levantada anteriormente, pode-se compreender que o liame entre punição e violência é uma das ferramentas centrais da ótica de exclusão que se opera no Brasil. O sistema penal, sobretudo o carcerário, sob a perspectiva historicizada da complexidade social, deve ser tratado com uma visão de estruturação, onde, com base no poder e punição, o Estado delineou o corpo social no qual as pessoas seriam imersas, calcando a ideia de bons e maus cidadãos. Essa sendo uma das variantes justificativas de discursos centrais da manutenção da estrutura de dominação até os dias atuais. (BATISTA, 2011, p. 29-30).

Para além de se atentar aos discursos legitimadores da barbárie, punição e violência exercem papel fundamental em uma política econômica que com o advento do neoliberalismo, e as novas sistematizações econômicas, refinaram o modo com que o Estado policial gere a vida das pessoas pobres em sociedade. A tecnologia e os novos meios de controle social, culminados com uma superexploração da classe trabalhadora, a manutenção do exército industrial de reservas e as crises cíclicas do capitalismo, fizeram com que se intensificassem as políticas de punição e controle social. "Sobram braços e corpos no mercado de trabalho, aumentam os controles violentos sobre a vida dos pobres". (BATISTA, 2011, p. 100).

A década de 90 é fundamental para o que se conhece como encarceramento em massa. As políticas econômicas e, não dissociadas a elas, as de segurança pública, fizeram com que o direito penal e os estabelecimentos prisionais se expandissem dramaticamente, transformando até mesmo bairros em grandes campos de concentração, onde o pobre, negro e periférico é o alvo preferencial de uma política importada, não somente, mas principalmente, dos EUA. Se a América do Norte era pioneira e liderava a corrida do liberalismo econômico e do aprisionamento em grande escala, o Brasil passa a figurar com grande importância na manutenção dessa lógica. Porém, tal sistematização se deu em solos de capitalismo periférico e de barbárie institucionalizada, o que agrava a condição de vida das pessoas, ainda mais das que estão encarceradas. (BATISTA, 2011, p. 100-101).

E tal concepção de barbárie, nos escritos de José Paulo Netto, é uma missão de civilização pensada pelas elites dominantes e que, neste caso, vem sendo mantida também pelo sistema de justiça penal, que está intimamente conectado com a devastação das políticas sociais e o avanço das políticas liberais econômicas em praticamente todos os campos da vida social. (NETTO, 2012, p. 217-219).

Nos Estados Unidos a lei de drogas foi um vetor chave para o que Michele Alexander cunhou como "a nova segregação". Para compreender o sistema de justiça penal brasileiro é importante se atentar aos processos em solo estadunidense, uma vez que cada política exercida naquela economia e em seu sistema de justiça penal hora ou outra se reflete no resto das américas como imposição colonial. (ALEXANDER, 2017, p. 83).

O discurso da lei e ordem, que se iniciou em meados de 1950, como uma resposta aos movimentos pelos direitos civis, é colocado por Michele Alexander como o início do encarceramento em massa. Ou seja, tal discurso foi uma afronta às mobilizações de cunho popular que defendiam a emancipação do povo negro e pobre, sobretudo das amarras raciais e econômicas. (ALEXANDER, 2017, p. 83).

De 1950 até meados de 1960, os conservadores de forma estratégica se opuseram aos movimentos civis, colocando as premissas de desobediência defendidas por Martin Luther King Jr como um dos principais fatores da criminalidade no país, sustentando um discurso legitimador do direito penal contra os despossuídos. Elevando a criminalização subjetiva e assim empoderando as forças policiais mais do que nunca contra a população pobre e negra, consequentemente colocando o sistema de justiça penal como centralidade na política de segregação racial. (ALEXANDER, 2017, p. 84).

E o apelo do discurso "lei e ordem" cada vez mais foi se afunilando para as classes subalternizadas, colocando a cultura da população negra sempre como alvo das políticas de repressão estatal. Na década de 1970, os conservadores passaram a defender que o fator central da pobreza não era a estrutura burguesa de acumulação de riquezas, mas sim a cultura das populações afro-americanas. Esse argumento, que veio escorado nos discursos liberais de meritocracia, colocou a cultura periférica negra como aquela relacionada a pessoas ociosas que, por esta razão, não ascendiam financeiramente e procuravam o "caminho da criminalidade" como alternativa de subsistência. Esse discurso legitimador veio acompanhado de um aumento exponencial dos crimes de rua, homicídios e crimes relacionados a drogas, que por questões estruturais e de seletividade estavam concentrados nos bairros degradados economicamente onde vivia a maior parte da população negra. (ALEXANDER, 2017, p. 90-91).

Com base nesse emaranhado discursivo que legitimou a barbárie por todo continente americano, não somente dentro dos Estados Unidos, o então presidente Reagan, na década de 80, com apoio inclusive de políticos progressistas e da ONU (Organização Das Nações Unidas), inaugurou a chamada "Guerra às Drogas", que contou com o apoio maciço dos meios de comunicação do mundo todo na construção de um imaginário social que relacionava drogas à cultura negra e pobre. A periferia passou a ser o alvo territorial central da repressão armada, e o mundo todo, mas principalmente o continente americano, importou essa guerra como gestão material da vida e de territórios, como se nos bairros periféricos não existissem bons cidadãos. (ALEXANDER, 2017, p. 95-97).

Essa exposição contou com diversos órgãos de defesa dos direitos humanos e com uma pressão discursiva gigante voltada à defesa das denominadas "pessoas de bem". Em poucos anos os estabelecimentos prisionais transformaram-se em gigantescos campos de punição e trabalho, e a juventude passou a ser o alvo central do encarceramento em massa nos mais longínquos rincões da América, por conta de uma política imposta a todos os países latinos. (ALEXANDER, 2017, p. 95-97).

Não coincidentemente, a partir dos anos de 1980 as drogas eram as maiores inimigas do Brasil. Não demorou para que as políticas de segurança pública logo fossem direcionadas ao enfrentamento concreto da questão. Ainda em 1970 a diplomacia brasileira já se reunia com membros de diversos países americanos para verticalizar este enfrentamento, articulando-o a nível macro. Pois no discurso da época a questão das drogas inviabilizava parcerias econômicas internacionais. (TORCATO, p. 2021, p. 113).

As políticas desenvolveram-se de forma cada vez mais verticalizada, pautadas em repressão e violência, até atingirem o seu auge nos anos de 1990, quando a guerra as drogas materializou-se no principal objeto de atuação das forças policiais no Brasil. Estudiosos sobre tema apontam que o grande marco foi o governo de Fernando Henrique Cardoso, à época presidente, ao inaugurar de forma oficial a guerra às drogas em solo nacional através da criação da Secretaria Nacional Antidrogas (SENAD) (política que já acontecia de forma não oficial nas periferias de todo o país). Sendo essa uma pauta adotada e defendida também pelos governos posteriores. (TORCATO, 2012, p. 28-29; VILLELA, 2021, p. 16-17).

Tanto que no ano de 2006 o advento da lei de drogas foi a mola propulsora para o aumento do número de pessoas encarceradas no Brasil. Em 2005 o Brasil encarcerou 32.880 mil pessoas pelo crime de tráfico de drogas. No ano de 2007, o número saltou para 65.494 mil e, em 2014, o país já cerceava a liberdade de 174.216 mil pessoas. (MARONNA, 2017, p. 4). Um salto gigantesco. Além das problemáticas variantes, a principal crítica à lei 11.343/2006 é a discricionariedade em sua aplicabilidade prática, com a falta de critérios objetivos para diferenciar usuários e traficantes, deixando esta decisão ao encargo primeiro das polícias, depois do judiciário, tendo como consequência sua utilização como vetor para criminalizar a pobreza. (MARONNA; BOITEUX, 2014, p. 6).

Os números apontam que no ano de 2006 foram presos 1.276 homens e 167 mulheres pelo comércio de drogas no Estado de Santa Catarina. Em 2007, o número saltou para 1.949 homens e 346 mulheres. Em 2008, 3.657 homens e 633 mulheres foram criminalizados pelas condutas da lei 11.343/2006. Percebe-se aqui um aumento gradativo a nível estadual nas taxas de encarceramento chegando ao ano de 2019 em 7.499 homens e 767 mulheres presos e presas. Cabe considerar que esses dados apontam tão somente a criminalização tipificada como tráfico de entorpecentes, pontuando que existem outros fatos conexos que não foram expostos em tela, como por exemplo o tráfico internacional de drogas. (DEPEN, 2006; 2007; 2008; 2019).

O Conselho Nacional de Justiça em seu levantamento de 2018 confirma as tendências acima apontadas e evidencia a necessidade de um debate acadêmico contínuo. O relatório aponta que das pessoas privadas de liberdade, 24,74% encontram-se presas em razão de tráfico de drogas. É o segundo maior percentual, ficando atrás somente do roubo, crime contra patrimônio, que é representado com 27,58%. Esses dados revelam mais uma vez qual o alvo do sistema de justiça criminal brasileiro, em que apenas certos tipos penais lotam as prisões, com uma população específica e empobrecida. (BANCO NACIONAL DE MONITORAMENTO DE PRISÕES, 2018).

Em análise aos dados do Departamento Penitenciário Nacional, o Levantamento Nacional de Informações Penitenciarias do ano de 2019 aponta um total de 748.009 mil pessoas privadas de liberdade. Importante destacar que tais dados não contabilizaram os números das Polícias Judiciarias (Federal, Distrital e Estadual), bem como, os batalhões de polícias e bombeiros. Neste levantamento o Estado de Santa Catarina apresentou 23.470 mil pessoas privadas de liberdade. (DEPEN, 2019).

Em tons comemorativos, o Conselho Nacional de Justiça CNJ estampa em seus veículos de comunicação que o número de pessoas privadas de liberdade no ano de 2020, em comparativo com o ano de 2019, experimentou uma queda. Afirmando que esses novos números são um reflexo de uma política voltada a minimizar a superlotação no sistema penitenciário de forma democrática e colaborativa. Os dados divulgados apontam que os números caíram de 709,2 mil (2019) para 682,2 mil (2020). Dados que merecem ser tratados com cautela, pois o Brasil ainda é um dos países que mais prendem no mundo, e, além disso, sem deixar de considerar a diminuição na circulação de pessoas e também da atuação policial em decorrência das medidas restritivas da pandemia. Em tons de regionalização, em 2018 os dados do CNJ apontam que o Estado de Santa Catarina registrou 20.434 mil pessoas privadas de liberdade. (CONSELHO NACIONAL DE JUSTIÇA, 2021; 2021).

Fato é que, atualmente, o encarceramento no Brasil entre estabilizações e crescentes ainda é um dos maiores e mais complexos do mundo, com prisões e penitenciárias superlotadas e sem previsão de mudança deste quadro. Segundo o anuário brasileiro de segurança pública, pesquisa realizada pelo fórum brasileiro de segurança pública, em 2020 o Brasil registrou 759.518 mil pessoas privadas de liberdade, em comparativo com o ano de 2019 que apresentava uma faixa de 755.274 mil pessoas privadas de liberdade. Ainda em análise ao anuário o Estado de Santa Catarina apresenta um número de 23.486 mil pessoas privadas de liberdade, registrando um déficit de 3.184 mil vagas no sistema como um todo. (FÓRUM BRASILEIRO DE SEGURANÇA PÚBLICA, 2021, p. 192-193).

Os dados acima demonstram uma realidade em que as medidas de desencarceramento, tão necessárias para um debate sério sobre a questão carcerária no Brasil, ainda são inconsistentes e ineficazes. Os números, apesar de algumas variantes positivas e negativas, são exorbitantes e o grande encarceramento, permeado de violência, invisibilidade e desumanização, segue cerceando liberdades e vidas em um sistema fomentado por diversas variantes, sobretudo pela questão das drogas, que vem como pano de fundo, em um arcabouço ainda mais aprofundado que os discursos que a legitimam.

A "guerra às drogas", aliada aos discursos de lei e ordem, ainda tangencia a questão da superlotação carcerária, sobretudo a crescente nos números de pessoas presas nos últimos 20 anos. Passando também pelas questões raciais e de gênero, diversos estudiosos e estudiosas do tema defendem um debate geopolítico sobre a economia política da droga, ou de guerra as drogas. (BATISTA, 2003, p. 11).

O sistema de justiça penal como um todo, passando pelos profissionais de segurança pública, policiais penais e pessoas privadas de liberdade, merece um debate sério e radical, no sentido de ir à raiz, visto que a materialidade cotidiana das pessoas por ele envolvidas comumente não é estampada de maneira realista nos veículos de comunicação e no debate público. O grande encarceramento segue causando efeitos nefastos na vida de quem tem ligação com a prisão, se estendendo também aos familiares. Panorama este que será exposto a seguir.

2. APORTES GERAIS DO SISTEMA DE JUSTIÇA PENAL E COVID-19: ENTRE O CAOS, INCONSISTÊNCIA DE DADOS E A MILITÂNCIA DOS COLETIVOS. O QUE SE SABE ATÉ AQUI?

Resgatando os escritos de Huslman e Celis, o sistema de justiça penal esconde dentre seus muros um grande segredo. O distanciamento dos atores do sistema, como por exemplo juízes e policiais, assim como a população, se traduz em uma incompreensão material do que se trata essa grande máquina de dor que é o cárcere, então, o grande segredo no qual os autores/as se dedicam a explicar é justamente o total desconhecimento material da dialética carcerária. (HULSMAN, 1993, p. 57).

Em panoramas gerais os números da pandemia do COVID-19 foram nefastos e pouco divulgados para os atores do sistema penal, onde a classe trabalhadora, seja atuando profissionalmente junto ao sistema, ou segregados de liberdade, sofreu na pele com uma pandemia que por questões óbvias tinha tudo para se transformar em um verdadeiro estopim intramuros e fora deles.

Diante dessa realidade, pesquisas e matérias jornalísticas em veículos oficiais, não oficiais e portais independentes começaram a aparecer por todo o país, como também a edição de portarias pelas administrações prisionais e a intensificação de protestos e atos de militâncias. (GELEDÉS, 2020). No meio acadêmico diversos pesquisador/as passaram a se debruçar nessas denúncias. A revista Dilemas - Revista de Estudos de Conflito e Controle Social, por exemplo, lançou aba especial em seu periódico para quinzenalmente lançar pesquisas e textos acerca da realidade pandêmica nas prisões. (DILEMAS, 2020; 2021). Dentre essas pesquisas, as reflexões de Camila Prando e Rafael Godoi são imprescindíveis na compreensão do "segredo penitenciário" tratado por Hulsman e Celis. Os autores investigam a organização, produção e divulgação sobre o contágio por COVID-19 nas prisões do Rio de Janeiro por parte das autoridades penitenciárias do estado, demonstrando uma série de discursos institucionais que parecem mais se preocupar em normalizar, ignorar, invisibilizar os riscos experimentados pelas pessoas encarceradas durante a pandemia, que em garantir saúde ou respeitar direitos, culminando em uma política de negação da própria vida. (PRANDO; GODOI, 2020, p. 1-15).

Outro importante estudo chamado Covid-19 no sistema prisional brasileiro: da indiferença como política a política de morte confrontou o posicionamento supostamente desencarcerador do Conselho Nacional de Justiça na edição da resolução nº 62/2020 com proposições do Departamento Penitenciário Nacional de utilização de contêineres para pessoas encarceradas, concluindo que os corpos que habitam as cadeias brasileiras são descartáveis e provenientes de uma política de morte. (COSTA, 2020).

Política de morte que passa invisível à sociedade, especialmente por decisões acerca da pandemia dentro do sistema de justiça penal, como apontam os resultados da pesquisa intitulada *Uma conjuntura crítica perdida: a COVID-19 nas prisões brasileiras*, visto que essas levaram a uma maior invisibilidade dessa população, acarretando efeitos não somente nas pessoas encarceradas, mas também em todos seus familiares. (MACHADO; PIRES, 2021).

Além das pessoas encarceradas, seus familiares e amigos, os trabalhadores do sistema penitenciário também foram sensivelmente afetados neste período. Conforme o Anuário Brasileiro De Segurança Pública, em termos de números gerais, veio a óbito mais policiais por infecção ao coronavírus do que por letalidade advindas de confrontos armados. Os números demonstram que 472 policiais foram mortos em razão da pandemia, quando 194 foram assassinados. Os números ainda denunciam que 67,2% eram negros, 58,9% estavam na idade entre 30 e 49 anos e 98,4% eram homens. Quando se trata de prisões constata-se que foram registrados 57.619 casos de Covid-19 entre os presos até julho de 2021. Entre os servidores do sistema, 21.419 casos vieram a registro e 18,3 de todo o total de funcionários foram contaminados. (FÓRUM BRASILEIRO DE SEGURANÇA PÚBLICA, p. 2021).

O boletim do dia 28 de julho de 2021 do Conselho Nacional de Justiça aponta que em dados gerais houve 90.132 casos de Covid-19 confirmados no sistema penitenciário ocasionando 561 óbitos. Destes números, 65.395 eram pessoas em cumprimento de pena, sendo registradas 271 mortes. Dentre os servidores do sistema, ocorreram 24.737 casos confirmados sendo registrados 290 casos de falecimento. (CONSELHO NACIONAL DE JUSTIÇA, 2021).

No detalhamento dos gráficos, as porcentagens por região apontam que 12,1% dos casos confirmados entre servidores foram na região Sul do Brasil. Entre as pessoas presas a porcentagem chega 21,5%. Entre as pessoas que vieram a óbito 10% dos servidores foram na região Sul do país e entre as pessoas presas este número é de 13,7%. (CONSELHO NACIONAL DE JUSTIÇA, 2021).

Diante do caótico sistema penitenciário brasileiro, diversos problemas referentes ao enfrentamento da pandemia foram registrados por coletivos de militância e organizações que trabalham na luta pela população carcerária, como por exemplo o *infovirus*. O trabalho do coletivo é de extrema relevância para fazer o que pesquisadores brasileiros há tempo questionam e reivindicam: contestar os dados oficiais, ainda mais quando se trata de sistema penal, a desorganização, superlotação e descaso estatal fazem com que esses dados muitas vezes não materializem a realidade. Como apontado anteriormente, os dados do Conselho Nacional de Justiça divergem dos dados dos demais órgãos, como por exemplo o Depen.

Neste sentido o *Infovirus* questiona:

> Segundo a última atualização do boletim do Conselho Nacional de Justiça (CNJ), publicada em 16 de junho, o número de pessoas privadas de liberdade no Rio de Janeiro que perderam a vida em decorrência da COVID-19 saltou de 21 para 25. O boletim da Secretaria de Administração Penitenciária (Seap/RJ), que compreende o período entre 18 e 24 de junho, também registrou 25 óbitos. No entanto, os dados são diferentes dos do painel do Departamento Penitenciário Nacional (Depen), que registra 21 óbitos oficiais de pessoas presas por COVID-19 até 29 de junho.

Os números de casos confirmados no estado também apresentam divergências entre os órgãos oficiais. Segundo o boletim do CNJ de 16 de junho, são 570 pessoas privadas de liberdade no RJ que testaram positivo para a COVID-19. Até 29 de junho, o painel do Depen registra 537 detecções entre a população prisional no estado. Já o boletim da Seap/RJ informa 572 casos confirmados entre internos. A divergência nas informações oficiais mostra inconsistência nos dados, além de gerar insegurança para as famílias das pessoas que estão em situação de privação de liberdade.

Ainda segundo o boletim do CNJ, são 237 casos confirmados de COVID-19 entre servidores e servidoras do sistema prisional fluminense. No sistema socioeducativo, o número de adolescentes positivados está em 49, enquanto entre agentes socioeducadores há o registro de 292 casos e três óbitos pela doença.

> A equipe do Infovírus não localizou informações nos órgãos oficiais e na imprensa sobre o início da vacinação no sistema prisional no Rio de Janeiro, apesar de ter sido noticiado que a vacinação iniciaria no final de maio. Além disso, no início de junho, a Seap/RJ iniciou uma investigação para apurar se cerca de 15 servidores(as) da administração penitenciária furaram a fila e receberam a imunização de forma fraudulenta. Entre eles, estão os subsecretários João Carlos Olímpio e Gilberto Monteiro Mainoth, servidores do alto escalão da Seap/RJ. (INFOVIRUS, 2021).

Além de denunciar que há mais de seis meses o painel do Depen não atualiza as informações sobre a COVID-19 no sistema prisional da Paraíba:

> De acordo com o monitoramento diário realizado pelas pesquisadoras do Infovírus no painel do Departamento Penitenciário Nacional (Depen), desde 15 de dezembro de 2020 até 12 de julho de 2021, o painel registra seis suspeitas, 271 contaminações, dois óbitos e 269 recuperados entre a população carcerária da Paraíba. A falta de atualização no painel também ocorre em outros estados do nordeste, a exemplo do Piauí, como o Infovírus divulgou em junho.
> Segundo o boletim do Conselho Nacional de Justiça (CNJ) divulgado em 30 de junho, o sistema penitenciário da Paraíba contabiliza 422 contaminações e quatro óbitos entre a população privada de liberdade no estado. Há dissonância entre as informações oficiais, o que fica evidente pela discrepância entre os números divulgados pelo Depen em relação ao CNJ. A Secretaria de Estado da Administração Penitenciária da Paraíba (Seap) não disponibiliza em seu site informações sobre a quantidade de contaminações e óbitos entre a população carcerária do estado: o último boletim foi divulgado em 2 de agosto de 2020.
> De acordo com o boletim de monitoramento do CNJ de 30 de junho, já foram realizados 4.018 testes entre a população prisional da Paraíba e 489 entre servidores e servidoras. O boletim afirma que não houve disponibilização do número de testes aplicados entre adolescentes privados de liberdade e servidores do sistema socioeducativo.
> Conforme o Carcem Data, projeto desenvolvido pelo Ministério Público da Paraíba, das 83 unidades prisionais do estado, 39 estavam em situação gravíssima em 2020. Uma delas é a Penitenciária Regional Raymund, em que há 1.074 presos em regime fechado, embora a capacidade seja de apenas 380 vagas. O Infovírus tem mostrado reiteradamente que o superencarceramento expõe a saúde e a vida das pessoas presas a risco, devido à fácil propagação do novo coronavírus. (INFOVIRUS, 2021).

Outra grande problemática da pandemia dentro do sistema carcerário é a subnotificação. Além da disparidade de dados que vem sendo apresentada durante todo o texto, a falta de confiabilidade nos dados oficiais é um problema a ser enfrentado. Uma pesquisa veiculada pela revista Carta Capital aponta que apesar do Conselho Nacional de Justiça (CNJ) veicular que a situação está sob controle, as famílias de pessoas encarceradas dizem o contrário. (RUSCHEL, 2021).

O jornal acessou a um grupo de *WhatsApp* formado por esposas de pessoas presas que, por questões éticas e de segurança pessoal, não tiveram seus nomes divulgados. Neste grupo, os presos denunciavam em visitas online o verdadeiro caos que o sistema estava enfrentando, uma das mulheres diz que "meu marido disse que na galeria dele tinha mais de 20." Outra dizia que "na base de 30 a 35 casos desciam para fazer o teste. Semana retrasada tínhamos 30 infectados. Hoje seis servidores foram afastados". (RUSCHEL, 2021).

Outra questão a ser denunciada dentro do grupo acessado é a falta de medicamentos para tratamento adequado. Os familiares das pessoas criminalizadas apontam que muitos estavam sendo tratados com o chamado "kit covid", tratamento sem eficácia cientificamente comprovada e que teve o uso rechaçado pelos órgãos técnicos. A matéria veiculada ainda afirma que "o ideal seria confrontar os dados do sistema penitenciário com o SUS. Nossa suspeita, a partir de relatos familiares, é de que a subnotificação é muito alta.". (RUSCHEL, 2021).

Se apropriando da pesquisa de Crispim, observa-se que nos Estados Unidos, onde a massa de pessoas encarceradas também é gigantesca, o Estado testou em massa a população privada de liberdade, não somente aqueles que apresentavam algum sintoma, como no caso do Brasil. Aqui, os números de pessoas infectadas cresceram exponencialmente, os dados demonstram que a crescente foi de 12,1 vezes maior do que nos casos em que se testaram apenas as pessoas que apresentavam sintomas. A conclusão deste trecho da pesquisa é de que as subnotificações no Brasil ocorrem justamente pela falta de testagem em massa. (CRISPIM, p. 2021, p. 169-178).

3. PARA ALÉM DOS LIMITES DA DOR: UMA ANÁLISE DAS PORTARIAS DE ENFRENTAMENTO À PANDEMIA E SEUS REFLEXOS EM SANTA CATARINA E A LUTA DOS COLETIVOS DE FAMILIARES EM BUSCA DE DIREITOS

Neste ponto adentra-se na centralidade do texto, isto é, na análise das portarias editadas pela Secretaria de Administração Prisional de Santa Catarina para o enfrentamento à pandemia dentro do sistema carcerário, confrontando-as com os protestos realizados pelos familiares em três regiões diferentes do estado. A justificativa se dá diante do questionamento tanto de órgãos de militância, quanto a partir de denúncias de familiares nos atos (protestos) realizados nas diferentes localidades. Denúncias que envolvem a proibição de entrar com a "sacolas" e mantimentos para seus parentes, bem como a falta de visitas e de outros meios adequados para que as visitas se realizassem.

Para tanto, parte-se da hipótese de que as portarias aumentaram a segregação da população carcerária no âmbito do estado, principalmente pela falta de notícias e transparência que teria gerado também detração de direitos.

Foram analisadas portarias editadas entre as datas de 18/03/2020 até 17/05/2021. Ao todo, teve-se acesso pelo site oficial da Secretaria de Administração Prisional e Socioeducativa (SAP) há 54 portarias neste lapso temporal, sendo escolhidas as que versam sobre visitação, transferência, cotidiano dos funcionários dentre outras pertinentes à materialidade prisional. Para esclarecimento de algumas abreviações que comumente serão utilizadas neste tópico, como já mencionado, a (SAP) é a Secretária de Estado da Administração Prisional e Socioeducativa de Santa Catarina, ao passo que o (HCTP) faz referência ao Hospital de Custódia e Tratamento Psiquiátrico.

Trata-se das seguintes portarias: "Portaria nº 197/GABS/SAP"; 199/GABS/SAP"; 370/GABS/SAP"; 423/GABS/SAP"; 199/GABS/SAP"; 195/GABS/SAP"; 390/GABS/SAP"; 204/GABS/SAP"; 205/GABS/SAP"; 254/GABS/SAP"; 473/GABS/SAP"; 371/GABS/SAP" e 740/GABS/SAP". (GOVERNO DO ESTADO DE SANTA CATARINA, 2021). Em síntese as mudanças trazidas pelos textos impactaram na:

A) Comunicação;
B) Atividade laboral;
C) Suspensão das atividades no hospital psiquiátrico;
D) Rotina dos agentes penais, que passaram a se revezar em turnos maiores;
E) Rotina de visitas dos familiares nos estabelecimentos, que passou a ser de maneira remota pelo período declarado de 10 minutos;
F) Rotina das chamadas sacolas, que são mantimentos trazidos pelos familiares para a subsistência das pessoas em situação de cárcere;
G) Rotina de comunicação com os advogados;
H) Transferência das pessoas em situação de cárcere entre estabelecimentos prisionais;

Elas serão confrontadas com as demandas trazidas pelos protestos de familiares realizados em Florianópolis (Capital), Joinville (Região Norte) e Criciúma (Região Sul), que foram objeto de estudos por meio da técnica de análise comunicacional em cinco reportagens responsáveis pela cobertura dos atos em prol das pessoas encarceradas, sendo duas reportagens do portal *Engeplus*, que cobriu os protestos nas cidades de Criciúma localizada no sul do Estado. Uma no portal ND Mais e uma no portal G1. Ambas cobriram protestos realizados na cidade de Florianópolis capital. Por último no portal NDTV, que se debruçou a veicular as demandas da cidade de Joinville na região norte do Estado.

Em síntese os familiares denunciaram:
A) Falta de transparência do Estado no que concerne a saúde das pessoas encarceradas;
B) Falta de notícias (comunicação) no geral;
C) Pouco tempo de visitas na forma remota, no qual alguns trouxeram que em realidade eram de cinco minutos e não de dez;
D) Descaso com a situação processual;
E) Pouca ou nenhuma comunicação com os advogados;
F) Interrompimento da entrada das sacolas;
G) Pouco empenho do Estado em garantir outras formas de cumprimento dos direitos básicos;
H) Casos de aumento da violência estatal;

É de ressaltar os dispositivos da lei nº 7.210, de 11 de julho de 1984 de Execuções Penais, (BRASIL, 1984), que englobam todos os direitos com violação denunciada pelos familiares nos protestos, e que foram afetados pelas portarias:

> Art. 22. A assistência social tem por finalidade amparar o preso e o internado e prepará-los para o retorno à liberdade.
> VII - orientar e amparar, quando necessário, a família do preso, do internado e da vítima.
> Art. 40 - Impõe-se a todas as autoridades o respeito à integridade física e moral dos condenados e dos presos provisórios.
> Art. 41 - Constituem direitos do preso:
> I - Alimentação suficiente e vestuário;
> II - Atribuição de trabalho e sua remuneração;
> IV - Constituição de pecúlio;
> V - Proporcionalidade na distribuição do tempo para o trabalho, o descanso e a recreação;
> VI - Exercício das atividades profissionais, intelectuais, artísticas e desportivas anteriores, desde que compatíveis com a execução da pena;
> VII - assistência material, à saúde, jurídica, educacional, social e religiosa;
> VIII - proteção contra qualquer forma de sensacionalismo;
> IX - Entrevista pessoal e reservada com o advogado;
> X - Visita do cônjuge, da companheira, de parentes e amigos em dias determinados;
> XIII - audiência especial com o diretor do estabelecimento;
> XIV - representação e petição a qualquer autoridade, em defesa de direito;
> XV - Contato com o mundo exterior por meio de correspondência escrita, da leitura e de outros meios de informação que não comprometam a moral e os bons costumes.

É preciso destacar, que apesar da LEP dispor diversos direitos que vêm sendo sistematicamente interrompidos, essas violações não se trata de excepcionalidade. Mas sim uma normalidade, visto que o próprio sistema de justiça penal é um Estado de coisas inconstitucional como aponta o STF e que diversas pesquisas apontam para este horizonte. (CONSELHO NACIONAL DE JUSTIÇA, 2021; 2021; SANTANA, 2021; NUNES DIAS, 2011, p. 213-233; BOGO CHIES; ALMEIDA, 2019, p. 67-90).

O que se busca com este trabalho, portanto, não é unicamente desvelar o descumprimento da LEP, mas identificar o que de diferente há neste novo momento, no contexto de uma pandemia em escala global, voltando-se a análise para a administração prisional, e quais os impactos da gestão dessa crise sanitária, por meio das portarias, na vida das pessoas privadas de liberdade e de seus familiares.

Dito isto, passa-se à análise de cada portaria em sua especificidade. A "Portaria nº 197/GABS/SAP" trata sobre a suspensão do recebimento de quaisquer tipos de cartas, correspondências ou telegramas por reeducandos e adolescentes no sistema prisional e socioeducativo". Seguindo, a "Portaria nº 199/GABS/SAP" teve como principal característica a "suspensão da atividade laboral realizada por reeducandos do sistema prisional".

Além de inexistir qualquer informação dos órgãos sanitários sobre a possibilidade de contágio por correspondência, uma vez que a COVID-19 trata-se de vírus respiratório com três formas de transmissão (por contato, gotícula ou aerossol), as cartas são, importante meio de comunicação intra/extramuros, garantindo que as informações inclusive sobre saúde cheguem aos familiares das pessoas que se encontram privadas de liberdade. (MINISTÉRIO DA SAÚDE, 2022).

Neste sentido, Flauzina e Pires, em respeito ao direito de correspondência, em pesquisa realizada através das cartas escritas por pessoas encarceradas pelo Brasil, constatou-se que grande parte do conteúdo analisado contava com denúncias a respeito da situação precária que se vivenciava dentro das dependências penais. Além de compreenderem que a violação no direito de correspondência sempre foi algo inerente, sobretudo, na região sul e sudeste, (não destacando se tal pesquisa também foi realizada no Estado de Santa Catarina), onde muitas das cartas analisadas, continham carimbos de "CENSURADO", "INSPECIONADO", "LIBERADO PELA CENSURA". (FLAUZINA; PIRES, 2019, p. 2117-2136).

Tratando da "Portaria nº 197/GABS/SAP", fica claro que as correspondências são um importante meio de comunicação com familiares, estas que foram expressamente suspensas por tal portaria. A escrita de cartas, além de ser um exercício psíquico para as pessoas encarceradas, é uma das principais formas de contato e redução das barreiras físicas e subjetivas do sistema penal.

Sendo assim, uma das principais reivindicações percebidas nas análises dos protestos que ocorreram neste contexto, justamente foi a falta de comunicação, conforme relatado pelos familiares nos protestos na cidade de Criciúma, que relataram: "o contato dos familiares com os presidiários é por videochamada de 15 minutos uma vez por mês". "Não conseguimos conversar com ninguém da direção" afirmou uma das pessoas que participou de um dos atos no Sul de Santa Catarina. (CUSTÓDIO, 2020).

Para corroborar com os familiares, que sofrem por falta de noticiais e de comunicação, e ainda em não ter contato com a direção das instituições, a "Portaria nº 370/GABS/SAP" determinou a suspensão do atendimento presencial externo realizado pelo corpo funcional da SAP por 30 dias. O que colaborou com a falta de notícias aos familiares.

Portanto, sem comunicação e transparência a respeito dos presos, as pautas dos protestos ainda questionam que não existem câmeras de fiscalização, não existe qualquer possibilidade ou canal para que as pessoas encarceradas denunciem maus tratos ou condutas afins. Em Florianópolis uma das reivindicações justamente versou sobre a "falta de fiscalização, falta de câmeras e intimidação por parte dos agentes aos presos para eles não relatarem problemas". (REDAÇÃO ND, 2021).

Consequentemente, o direito de se comunicar via correspondência é uma das principais formas de romper com os muros subjetivos e concretos do sistema penal, e observa-se, sobretudo após a pesquisa mencionada de Flauzina e Pires, que este é um direito comumente afrontado no Brasil, que a censura é algo comum, ainda mais nas regiões sul e sudeste, e que a vedação à correspondência impede a fiscalização sobre outros direitos, reforçando a tese de que a portaria da SAP opera como segregação dessas pessoas sob o artifício discursivo de proteção ao coronavírus. (FLAUZINA; PIRES, 2019, p. 2117-2136).

Em reportagem veiculada no dia 15/12/2020 pelo portal G1 do Estado de Santa Catarina, uma associada ao grupo de militância denominado de "Gente da gente' aponta que "as famílias não estão recebendo informações sobre os detentos. Segundo a militante que trabalha em amparo às famílias de presos na cidade, nos últimos meses as condições de higiene pioraram" (BORGES, 2020), acrescentando ainda que:

> Comida tem vindo estragada, podre. Comida com pedaço de vidro dentro. Outra questão é que também estão sendo tirado os ventiladores dos presos, rádios, televisão que a família compra [...] A questão da saúde também, que quando um preso fica com a Covid poucas informações são dadas. Teve uma mãe que ficou 30 dias sem saber do filho. (BORGES, 2020).

Todos os relatos se deram no calor de um protesto realizado por familiares, amigos e pessoas próximas dos presos que foi realizado na cidade de Florianópolis, capital do Estado. Em outras cidades também foram realizadas manifestações com a finalidade de denunciar a realidade de seus parentes e amigos.

Retornando ao Sul do Estado, precisamente na cidade de Criciúma, famílias organizaram protestos por melhores condições na vivência carcerária, sendo que uma das principais reivindicações foi a não permissão da entrada de "sacolas" com donativos, alimentação e principalmente cobertores. Pauta comum em todos os protestos realizados. (CUSTÓDIO, 2020).

Uma das pessoas presentes no ato afirma: "não queremos bater de frente com ninguém, queremos a liberação das roupas, que os presos não tomem banho gelados. São tratados iguais bichos". "Eles não possuem nem roupa de frio". Diversas pessoas relataram banhos gelados, falta de agasalho e de mantimentos básicos de higiene e alimentação. (CUSTÓDIO, 2020).

Na cidade de Joinville, cerca de 50 pessoas também protestaram por melhores condições do cumprimento de pena no âmbito da pandemia no dia 15/02/2021. Uma das representantes do movimento aponta:

> O grupo ficará acampado na frente do presídio até que os pedidos mais emergenciais sejam atendidos: a volta das visitas e um plano de vacinação para os detentos. "O início da manifestação foi hoje e só vai encerrar quando formos atendidas. Vamos continuar aqui acampadas. Queremos a visita e um plano de vacina". (EVARINI, 2021).

Em complemento, a representante do movimento finaliza dizendo que "direitos humanos onde? Eles passam 14 dias com a mesma roupa. Nós pagávamos produto de higiene, limpeza, parte de alimentação para que eles não dormissem com fome". (EVARINI, 2021).

Em análise, como pode se observar, uma das pautas presentes em todos os atos foi a falta de informações a respeito da realidade prisional no âmbito da pandemia, indícios que a hipótese de segregação para além de prevenção se fortifica pela "Portaria nº 423/GABS/SAP", que mais uma vez cerceia o atendimento presencial externo realizado pelo corpo funcional da SAP por 30 dias prorrogáveis por mais 30 contados a partir do dia do dia 05/04/2021. Demonstrando que a comunicação com os familiares não foi uma das demandas levadas em consideração pelas portarias, assim como a completa invisibilidade dos atores do sistema se justiça penal pelo poder público.

Outro ponto que se destaca, é que as pessoas encarceradas ainda necessitam de mantimentos básicos advindos de familiares e amigos, denunciando uma ineficácia do Estado em manter as necessidades vitais de tais pessoas, o que se agravou em tempos pandêmicos.

Sobre a "Portaria nº 199/GABS/SAP", percebe-se que o trabalho que funciona como remição de pena e, mais que isso, muitas vezes como um momento de saída do trabalhador de sua galeria, foi interrompido. E uma das queixas feitas por familiares foi justamente o fato de outras medidas não terem sido tomadas para que os mesmos de maneira segura mantivessem uma rotina de saída de suas celas, ou até mesmo uma forma de manter a rotina de trabalho remindo suas penas.

Retornando ao protesto que aconteceu em Florianópolis os parentes reclamaram da falta de atividades tem como consequência o agravamento da saúde mental. Segundo uma líder comunitária, "os presos ficam dentro da cela, pois não têm atividades e ficam ansiosos porque não têm visitas". (REDAÇÃO ND, 2021).

Essa hipótese de que o confinamento deixou os presos ansiosos e afoitos, como denunciam seus familiares, é corroborada pela "Portaria nº 195/GABS/SAP", que versou sobre suspensão de todos os atendimentos externos realizados no Hospital de Custódia e Tratamento Psiquiátrico no ano de 2020. No ano de 2021, nova suspensão foi feita pela "Portaria nº 390/GABS/SAP".

Em pesquisa de campo realizada no ano de 2013, já se denunciava o descaso do Estado de Santa Catarina pela saúde mental nas unidades prisionais. Tal pesquisa tinha como um dos principais objetivos descobrir como se davam o acolhimento dos presos acerca da saúde dentro dos aposentos. A pesquisa constatou que, como regra, os principais problemas dentro dos estabelecimentos catarinenses foram:

> Doenças infecciosas e do sistema respiratório (especialmente a tuberculose), os transtornos mentais, a infecção pelo HIV e as dermatoses. Outros problemas estão relacionados a condições crônicas que os detentos já possuíam antes de ingressar no sistema prisional. (DAMAS; OLIVEIRA, 2013, p. 14).

E a pesquisa constatou que em 2013 a questão da saúde mental já era uma problemática, evidenciando que:

> Há uma carência por profissionais de saúde de diversas áreas, principalmente médicos, assistentes sociais, enfermeiros, psicólogos e técnicos de enfermagem [...]. A grande maioria das unidades não conta com equipe de saúde mínima. Das que contam, em sua maioria, a oferta de serviços não é suficiente para a demanda. A desassistência na saúde compromete a segurança das unidades prisionais. (DAMAS; OLIVEIRA, 2013, p. 14).

No que se trata do trabalhador servidor do sistema, a "Portaria nº 204/GABS/SAP" determina estado de prontidão dos Agentes Penitenciários e socioeducativos que laboram na SAP, assim como a "Portaria nº 205/GABS/SAP" determina a suspensão das férias e licenças prêmio dos servidores.

A grande demanda de trabalhadores do sistema que, após a pandemia apresentou problemáticas a respeito da saúde mental, assim como os trabalhadores segregados de liberdade, fez com que a Secretaria de Administração Prisional e Socioeducativa (SAP) agilizasse a organização de eventos junto a órgãos e profissionais de saúde mental. O Estado de prontidão e as angústias causadas aos trabalhadores do sistema aumentaram as queixas a respeito desses cuidados. A psicóloga pertinente destacou ao site da instituição que "as perdas de colegas e familiares vitimados pela COVID-19 tem afetado muito a saúde mental de todos os que atuam no âmbito da SAP". (DEAP, 2021).

Voltando a tratar das pessoas privadas de liberdade, apenas no dia 08/04/2020 foram instituídas as visitas virtuais conforme a "Portaria nº 254/GABS/SAP", praticamente dois meses após o início do surto pandêmico. Essas visitas, como já denunciado em protestos e mencionado anteriormente, ocorrem uma vez por mês e com duração de apenas 15 minutos, fazendo com que as pessoas não consigam um contato direto e verdadeiro com seus parentes.

Outra hipótese das visitas online que vem sendo constatada é sobre a desigualdade no acesso à internet no Brasil. Apesar da região sul ser uma das regiões menos afetadas, ainda não é uma realidade de todas as famílias brasileiras, ainda mais quando se trata de famílias pobres, como é o caso da grande massa carcerária. Em pesquisa ao IBGE, onde se teve acesso aos números de domicílios e moradores por situação do domicílio e existência de utilização da internet, apontou-se que 1.664 famílias não possuem acesso nenhum à internet. (INSTITUTO BRASILEIRO DE GEOGRAFIA E ESTATÍSTICA, 2019).

Em matéria veiculada ao portal politize, problematizou-se não somente a falta de acesso à internet, mas a qualidade deste acesso. Portanto, o portal aponta que se deve partir de duas premissas centrais. A primeira dela é que "as pessoas precisam ter acesso a um computador e banda larga para realizar tarefas complexas"; e para além disso "há imensas diferenças regionais e sociais que fazem com que não dê para pensar em apenas um Brasil. Temos que olhar para os diferentes "brasis". (ARAÚJO, 2018).

Ou seja, mesmo que possa se questionar que muitos têm acesso à internet, nem todos têm, e quando se fala de acesso com qualidade a margem de exclusão se agiganta. (ARAÚJO, 2018).

Sobre transferências entre estabelecimentos prisionais, a "Portaria nº 473/GABS/SAP" suspende as transições entre unidades no âmbito dos sistemas prisional e socioeducativo do Estado de Santa Catarina por 30 dias a contar do dia 09/06/2020.

E novamente a "Portaria nº 371/GABS/SAP" já no ano de 2021 "suspende a realização de escoltas e transferências no âmbito dos sistemas prisional e socioeducativo do Estado de Santa Catarina" por 30 dias renováveis por mais 30.

Tal decisão é problemática visto que em um contexto pandêmico muitos presos estão distantes de seus familiares e isso aumenta a invisibilidade e a falta de notícias se torna ainda mais angustiante, lembrando que esta foi uma das principais pautas trazidas pelos protestos feitos em desacordo com as portarias.

A suspensão em tela fez com que algumas pessoas levassem a demanda ao poder judiciário, onde a 2ª Câmara Criminal do Tribunal de Justiça de Santa Catarina reconheceu que esse é um direito basilar da execução penal e que o criminalizado cumprir pena em estabelecimento próximo de sua família, melhora as condições do mesmos frente a questões práticas como locomoção, notícias e melhor interação social. (TRIBUNAL DE JUSTIÇA, 2020).

O agravo de execução penal tinha como um dos principais argumentos que "a possibilidade de cumprir pena próximo à família é um direito subjetivo do apenado e que o convívio familiar ajuda o reeducando a não delinquir novamente" sustentando ainda que as "dificuldades financeiras poderiam ser contornadas com a proximidade de familiares". (TRIBUNAL DE JUSTIÇA, 2020).

A decisão da câmara foi procedente ao agravo, porém não determinou a transferência imediata e sim a tentativa de transferência, relativizando a questão. Por um lado, entendendo a gravidade da portaria em impedir as transferências. (TRIBUNAL DE JUSTIÇA, 2020).

Por fim, a "Portaria nº 740/GABS/SAP", instituída no dia 17/02/2021, impõe punição para as pessoas que divulgarem imagens das visitas virtuais. Neste sentido, observa-se que a penalidade sofrida pela pessoa do condenado utilizando da linguagem contida na dogmática penal ultrapassa o criminalizado chegando em seus familiares.

Resgatando os escritos de Batista, utilizando-se do que ela denominaria como "baião de Marx com Foucault", a cada necessidade imposta pelo capitalismo, novos discursos são utilizados para a expansão do poder de punir, tanto em profundidade quanto em verticalidade. (BATISTA, 2011, p. 24).

Tratando-se de sistema carcerário, ainda mais em tempos de pandemia, a necessidade de ordem para cada portaria de enfrentamento a COVID-19 ultrapassa os limites carcerários e mais do que nunca alcança seus iguais, e o Estado mínimo pregado pelo neoliberalismo entre os becos e vielas sempre será máximo. O mínimo não existe onde se utiliza de uma gestão policial da vida.

E aqui chegamos no debate teórico central do tópico que é objeto do texto em questão. O título "para além dos limites da dor" inspira-se em texto publicado por Leal, onde se trabalha como centralidade a questão do delito desde uma perspectiva sociocultural, não deixando de dialogar com a teoria materialista, mas expandido os horizontes para compreender a realidade vivida no Brasil, sobretudo após as discussões acerca do pacote anticrime proposto pelo então ministro Sergio Moro. O autor parte desde a compreensão da *razoável quantidade de crime* cunhada pelo sociólogo Nils Christie até a concepção de *tolerância à violência* proposta por David Garland. (LEAL, 2021, p. 64).

Para entender a realidade carcerária brasileira a partir da quantidade de violência gerada pelo poder de polícia e o encarceramento em massa, o autor parte de duas perguntas centrais: "por que se tolera/aceita (e assim se faz razoável) a violência policial e prisional que existe no Brasil?". (LEAL, 2021, p. 66).

Para o objeto do nosso texto, cabe transplantar a questão para o contexto da COVID-19, "por que se tolera/aceita (e assim se faz razoável) a violência policial e prisional existe no Brasil", sobretudo se utilizando do discurso de proteção humana e fazendo da dogmática um aporte legal para tanto? (LEAL, 2021, p. 66).

E o autor busca na definição do chamado bons e maus cidadãos para a servidão do trabalho capitalista, utilizando-se da terminologia de trabalhadores laborais honestos x vagabundos. Essa distinção vem pautada em uma tríade que forjou uma cultura/ideologia brasileira, com base na moralidade, religiosidade e trabalho, utilizando-se de quem foge desse maniqueísmo como instrumento central da violência estatal. (LEAL, 2021, p. 66).

Então a segregação carcerária em tempos de COVID-19 que vem silenciando e punindo, para além da dor física, subjetivações de alma, e estendendo as contradições carcerárias para além de seus muros, fazendo com que a dor e o sofrimento alcance mães e esposas de presos, público quase que único nos protestos registrados no Estado, é uma resposta a essa divisão (trabalhadores laborais honestos x vagabundos) forjada na moralidade?

Pode-se compreender, portanto, que as dores geradas pela pandemia se aglutinam na punição exacerbada exercida pelo Estado? Como se as pessoas privadas de liberdade (vagabundos) merecessem as consequências da pandemia como parte de suas penas.

Resgatando o texto de Leal, que busca em dois autores um horizonte para responder às indagações propostas no texto supracitado, e, talvez, também no contexto de COVID-19. Em Alejandro Alagia, o autor procura a resposta para o que se conceitua como "neoclassicismo inebriado e neopositivismo", demonstrando que tais premissas são absorvidas pela:

> Crença eminentemente ideológica, fazendo alusão ao mito de vinho de Dionísio que, no alto de seu entorpecimento, permite tomar o falso por verdadeiro e assim levar adiante uma ação socialmente genocida, aceitando a violência, a pena e o encarceramento como segurança, justiça e retribuição. (LEAL, 2021, p. 66).

E para o autor a partir da pretensa crença eminentemente ideológica de combate à criminalidade com tanta violência desmedida que se justificam propostas como o pacote anticrime.

Neste contexto, toda a quantidade a mais de dor, causada pelas nuances da COVID-19, foram se desdobrando sem maiores questionamentos dos bons cidadãos, ou melhor, resgatando Leal dos trabalhadores laborais honestos. Muito contrário a isso, de questionamentos o que se viu foi uma segregação sem fim de tais pessoas e o sofrimento assíduo de seus pares. (LEAL, 2021, p. 66).

4. MAIS DO MESMO: RECOMENDAÇÃO DO CONSELHO NACIONAL DE JUSTIÇA (CNJ) E SUA INAPLICABILIDADE

O Conselho Nacional de Justiça emitiu a Recomendação N° 62 de 17/03/2020 para adoção de medidas preventivas à propagação do vírus entre as pessoas encarceradas. A recomendação foi enviada aos presidentes dos tribunais para que eles divulgassem aos magistrados.

A recomendação traz orientações ao Judiciário em cinco pontos principais:

> redução do fluxo de ingresso no sistema prisional e socioeducativo; medidas de prevenção na realização de audiências judiciais nos fóruns; suspensão excepcional da audiência de custódia, mantida a análise de todas as prisões em flagrante realizadas; ação conjunta com os Executivos locais na elaboração de planos de contingência; e suporte aos planos de contingência deliberados pelas administrações penitenciárias dos estados em relação às visitas. (CONSELHO NACIONAL DE JUSTIÇA, 2020).

Fato inicialmente comemorado por juristas e entidades de classe e militância, porém, pouco tempo depois, pouco resultado foi evidenciado na realidade. Almeida, Pimentel e Cacicedo apontam que houve um esvaziamento da recomendação por grande parte do poder judiciário, alegando que, para certos fatos criminalizados, ela foi ignorada, prevalecendo o caráter punitivista desses órgãos diante da realidade pandêmica. (ALMEIDA; PIMENTEL, 2020, p. 29).

Em pesquisa realizada pelo veículo de comunicação Jota, ainda no ano de 2020, foram analisados 25 Habeas Corpus impetrados à suprema corte pela Defensoria Pública da União. Desses, apenas um foi bem-sucedido, e 81% dos pedidos foram negados. Dentre esses pedidos, alguns casos chamaram a atenção: "Dois homens presos por uma tentativa frustrada de furto de esmaltes e produtos de um salão de beleza; noutro, a detenta é uma mulher, mãe de uma criança com menos de 12 anos, o que já foi motivo de HC coletivo concedido pelo próprio STF". (POMPEU, 2020).

O Instituto de Defesa do Direito de Defesa (IDDD) em mutirão de desencarceramento realizado no ano de 2021 visando à liberdade de pessoas que se encaixam nas recomendações do CNJ, lançou um boletim segundo o qual a "esmagadora maioria (74%) das pessoas presas que deveriam ter sido beneficiadas pela recomendação n.º 62 do Conselho Nacional de Justiça (CNJ), com liberdade provisória ou outras medidas alternativas à prisão, foram mantidas no cárcere durante o primeiro ano da pandemia" (IDDD, 2021). Ainda, completa que:

> Reunindo informações de 448 atendidos por um grupo com 92 advogados e 11 estudantes de Direito, entre abril de 2020 e janeiro deste ano, o levantamento do IDDD revelou que mesmo as 118 pessoas soltas (26% do total), só o foram após 207 pedidos de liberdade negados em instâncias anteriores. (IDDD, 2021, p. 24).

O estudo denuncia que a legislação não tem sido cumprida, visto que a grande parte das pessoas beneficiadas já tinha esse direito previsto em lei, ou seja, as recomendações aplicaram o "mais do mesmo". Em uma perspectiva reformista, se ao menos a legislação fosse estritamente cumprida, muitas das poucas pessoas beneficiadas já estariam em liberdade. (IDDD, 2021, p. 24).

O distanciamento dos atores do sistema de justiça penal contribui para seu funcionamento como uma grande máquina de dor. Por sua vez, a burocratização do direito por meio da dogmática dá a ele contornos de uma máquina imparcial. (HULSMAN; CELIS, 1993, p. 57-58).

Esse pensamento veio sobretudo da Europa, na Itália e Alemanha. Chegando na América Latina e no Brasil consolidou-se como um entendimento científico e incontestável. Neste sentido, a dogmática é uma forma de dar segurança necessária à ordem burguesa de manutenção das estruturas de dominação. (ANDRADE, 2012, p. 204-208).

Nesta ótica, a título de ilustração, analisa-se o Habeas Corpus coletivo impetrado no dia 24 de abril de 2021 pela Defensoria Pública do Estado de Santa Catarina no que tange à progressão de regime. O pedido tinha como objetivo central a antecipação de concessão de regime aberto aos presos da cidade de Florianópolis, visto os gravames da pandemia e as recomendações de desencarceramento das autoridades sanitárias. O pedido foi negado, e o ministro responsável destacou que "a defesa formulou o pedido apenas de forma genérica, baseando-se em uma realidade geral brasileira, que infelizmente também não pode ser resolvida de uma forma geral". (SUPERIOR TRIBUNAL DE JUSTIÇA, 2021).

Resumidamente, a negativa se deu com o argumento de que cada caso deveria ser analisado individualmente, o que burocratiza e inviabiliza o desencarceramento, como se a situação não fosse comum a diversas pessoas encarceradas. A motivação da decisão utiliza-se da dogmática para manter essa estrutura de sofrimento. (SUPERIOR TRIBUNAL DE JUSTIÇA, 2021; PEREIRA, 2017, p. 177).

Navegando nas margens de Huslman e Celis, que nortearam o balaio teórico do texto, compreende-se que a dogmática é mantenedora da máquina de desumanidades que opera dentro da perspectiva do sistema de justiça penal, que em contexto de pandemia foi extensamente utilizada para justificar o injustificável. (HULSMAN; CELIS, 1993, p. 57-58).

Quando se resgatam outros autores/as de metodologias radicais, como aqueles com base no materialismo, observa-se que a lei é cunhada pelos que detém os meios de produção e pensada pelos mesmos, e conforma-se com a dogmática para manter a ordem de dominação e justificar da barbárie. (LOSURSO, 2018; NEGRI, 2015).

E resgatando tais perspectivas pode-se caminhar para uma mudança radical, sobretudo no que tange ao sistema de justiça penal. E nessa significativa forma de pensar encontramos o abolicionismo penal, que em linhas gerais trata-se de uma completa extinção do sistema de aprisionamento e policiamento, em uma perspectiva revolucionária e de classe. Partindo do pressuposto que uma reforma dentro das bases dogmáticas é insuficiente para reformular os sistemas de opressão. (SAMUELS, 2010, p. 2).

Davis (2018) defende que a abolição do sistema diferente de um horizonte utópico e pouco palpável é uma ruptura urgente, possível e necessária, e para justificar sua posição se recorda das grandes mudanças estruturais que as sociedades "modernas" vivenciaram, como a abolição da escravidão e as revoluções de classe. Mais do que nunca "é preciso voltar a falar em abolicionismo". (DAVIS, 2018, p. 3).

Por meio da análise das portarias editadas pela Secretaria de Administração Prisional em confronto com as demandas trazidas pelos protestos realizados no Estado de Santa Catarina, ressaltam-se os seguintes resultados: as pautas dos atos colidem frontalmente com as portarias de enfrentamento à COVID-19 e o discurso oficial encampado pela gestão pública, que refletiram resultados práticos negativos na vida das pessoas encarceradas.

Outro ponto que cabe destaque, é que os movimentos de militância pelas pessoas encarceradas são fundamentais para denunciar a dialética e desmontar o grande segredo que se esconde por trás dos muros, resgatando os escritos de Husman e Celis. Cabendo lembrar que a contestação dos dados oficiais é uma pauta que vem sendo defendida a muito tempo pelos pesquisadores brasileiros e que encontra nos grupos de militância de familiares forte espaço para denúncias e demonstração da realidade.

A hipótese de segregação confirmou-se pela análise das portarias e principalmente pelas reinvindicações dos familiares nos protestos durante a pandemia e em resposta às medidas tomadas pela administração prisional supostamente para a proteção da saúde dos atores do sistema de justiça. Obviamente essa análise não exaure a complexidade da dialética carcerária, porém permite compreender que pouco foi feito por parte do Estado para acolher as demandas dos familiares das pessoas encarceradas e minimizar o sofrimento agravado pela pandemia, mas, ao contrário, sob um discurso supostamente preocupado com a saúde pública, aumentaram-se as barreiras. Essa é uma realidade não somente do Estado de Santa Catarina, e pelos números apontados e pela revisão bibliográfica levantada, em outros lugares do Brasil vislumbram-se problemáticas parecidas.

A grande parte das pessoas envolvidas nos atos em favor das pessoas encarceradas eram mães e esposas. Em contexto de COVID-19, os limites da dor do cárcere mais do que nunca saltaram os muros carcerários e encontraram os familiares que também reivindicavam a volta da entrega das "sacolas", demonstrando ainda que grande parte dos utensílios básicos de sobrevivência são por eles fornecidos.

Em termos de resultados teóricos, seguindo as análises práticas, da mesma forma que a legislação reconhece a gravidade da pandemia, que refletiu na recomendação do Conselho Nacional de Justiça (CNJ) e em decisões judiciais, a burocratização da legislação (e aqui resgatando a teoria materialista) não colocou essa aparente preocupação em prática, revelando que a dogmática produz a aparência de segurança jurídica que a burguesia necessita para se afirmar, como nos ensinou a professora Vera Regina Pereira de Andrade no livro pelas mãos da criminologia. (ANDRADE, 2012).

Para superação dessas mazelas, inerentes ao próprio sistema de justiça criminal, deve-se com urgência e seriedade falar então em abolicionismo penal.

CONCLUSÃO

ESTE TRABALHO SE INSERE COMO MAIS UM ESFORÇO DE PESQUISA do Grupo Andradiano de Criminologia Crítica, que ao longo dos últimos anos vem desenvolvendo pesquisas eminentemente voltadas para a questão do cárcere e da realidade prisional. Com o início da pandemia de COVID-19, os esforços de pesquisa se alteraram – assim como a rotina do grupo –, mas não cessaram. Da mesma maneira que a pandemia afetou o campo do ensino e da pesquisa, com a suspensão das atividades presenciais pelo período de 2 anos completos, a pandemia afetou profundamente a rotina e a dinâmica de funcionamento das unidades prisionais.

Esse foi o objeto de presente trabalho de pesquisa, buscar rastrear manifestações de transformação da prisão diante e em meio a pandemia global, e como essas afetaram a lógica de funcionamento das instituições prisionais e da questão carcerária.

Realizou-se um esforço de pesquisa maior, mais amplo que uma reunião de artigos, e sim uma pesquisa que compusesse um conjunto de elementos de análise – resultado de esforço conjunto – e realidades que se encontram ligadas direta e indiretamente ao fenômeno carcerário, e que, por sua vez, tem um grande impacto para a realidade dentro e fora da instituição.

Partindo de uma base teórica eminentemente crítica da economia política, leu-se a prisão como parte de uma estrutura social e de seus condicionamentos materiais, que a entende como ativo financeiro – mormente no neoliberalismo e no capitalismo dependente em que tudo foi transformado em mercadoria, em *commoditiy*. Mas não sem agregar, quando necessário e contributivo, elementos outros de análise – matrizes teóricas outras – para enriquecer a abordagem, cuidando para não perder a coerência analítica.

Nesse sentido, buscou-se elementos da realidade prisional inserida no contexto pandêmico desde uma abordagem de pensar a prisão não somente como lócus de confinamento, mas como estrutura complexa com a qual interagem diversos atores, interesses e necessidades, apresentando-se como uma realidade complexa.

Assim, na esteira proposta por Gresham Sykes, a prisão interage com os internos e todo staff prisional, mas também, interage com a sociedade de duas maneiras – no mínimo – desde uma perspectiva populista, e com as famílias de reeducandos que vivenciam a prisão conjuntamente e seus sofrimentos e limitações. Ainda, pode-se dizer que a prisão interage ainda com a política – em uma acepção deveras populista –, com a econômica, sobretudo da era da prisão-ativo econômico atual da prisão da gestão baseada na maximização dos resultados e contração dos custos, a prisão eficiente.

Diante disso, esse trabalho buscou abordar temas que se fizeram relevantes no período da pandemia na interação com esses diversos agentes. Por essa razão se priorizou dar a devida atenção a distintas dimensões de impacto da pandemia no sistema penitenciário, especialmente a realidade catarinense.

Ainda no segundo capitulo, pensando a questão prisional não apenas desde o ponto de vista dos internos, mas pensando também como uma estrutura a ser gerenciada e que produz problemas e sofrimentos sobre todos que com ela interagem, a obra trouxe a pesquisa de como se deram as interdições das unidades prisionais a partir das portarias estaduais de Santa Catarina, buscando demonstrar como, para além da preocupação com a questão sanitária – de preservação de vidas –, as unidades prisionais e seu gerenciamento tem sido marcado desde uma lógica eminentemente utilitarista cuja marca é a burocracia autocentrada da delegação de solução dos problemas.

Em um verdadeiro procedimentalismo genérico, abstrato, que artificialmente distancia os responsáveis da sua tomada de decisão e seus efeitos. Como diria Nils Christie, pensando os conselhos da montanha (sindicatos), enquanto não se conseguir pensar o problema carcerário como um problema que envolve a todos, estamos fadados a um retumbante fracasso. No Brasil, na América Latina, ou mesmo no mundo ocidental neoliberal, o cárcere não só deixou de ser um problema como se tornou um projeto e um investimento.

Isso permite fazer a conexão com o capítulo terceiro, que trata o impacto da pandemia nos servidores prisionais, que, como seres humanos que são, também foram profundamente afetados pela pandemia em um lugar insalubre. Eles foram infectados, adoeceram, entubaram, morreram e com isso fizeram parte das estatísticas. Ficando privados de irem para casa ou correndo o risco de disseminarem o vírus para suas famílias.

Cumpre salientar que quando se toma conhecimento da pandemia enquanto uma realidade global, e quando começam a produzir seus efeitos no Brasil, o discurso das unidades prisionais – não obstante a orientação 62/2020 em sentido inversa do CNJ – e juízes da execução penal foram profundamente reticentes na adoção de suas medidas, apresentando discursos até contraditórios como se as unidades fossem mais seguras que o lado externo.

Assim, o quarto capitulo trata da prisão como genocídio lento (as vezes nem tanto), que mata, não apenas na pandemia. A prisão que mata no Brasil não teve início no Carandiru em 1991, e tampouco parou por lá, e sim, mata diariamente como um processo permanente, continuo - a que Darcy Ribeiro chamaria de moinho de moer gente - é a sua versão mais acabada dessa maquinaria.

Assim presos que morrem de mortes naturais, presos de morrem em conflito interpessoal e entre grupos armados rivais, e presos que morrem de mortes desconhecidas. Como pessoas que estão sob a tutela estatal, morrem nas dependências do Estado e ainda assim o Estado desconhece a causa e maneira da morte? Como diria um amigo que prefacia esse livro, são mortes que pouco importam!

No quinto capítulo volta-se a prisão para uma questão superestrutural, econômica. A pandemia impôs uma serie de restrições sociais, econômicas e culturais a sociedade mundial, mas, o neoliberalismo não deixou de usufruir dos potenciais expansivos. Com as mudanças intraprisionais decorrentes das limitações de visitas, surgiram o incremento das atividades virtuais – aulas, reuniões, tele trabalho – e com elas a possibilidade de visitas prisionais via teleconferência, que, por sua vez, impuseram uma serie de desconfortos, pois, as unidades não estavam preparadas para mais essa obrigação na sua burocracia diária.

O mercado que já adquiriu boa, senão grande parte das atividades prisionais – venda de uniformes, tecnologia, alimentação, terceirização –não perde tempo e se mantém à espreita, com um amplo e mais um produto em seu cartel de serviços a engrossar mais um investimento, desonerando o estado do incômodo de fazer, mas não de pagar pelos serviços, que a iniciativa privada está ansiosa para também tomar. A isso, Ruth Gilmore tem chamado de diversas dimensões da mais valia do sistema prisionais, agora, a novidade da mais valia comunicacional derivada da pandemia.

No último capítulo, se apresentam dados propriamente da realidade catarinense, acerca da pandemia e para além da pandemia, do projeto carcerário, e encarcerador em vigência em Santa Catarina, e de como esse sistema reagiu à pandemia em relação a seus internos, a suas famílias, em meio a sua burocracia. Nesse espectro, procurou-se jogar luz sobre dados e índices que contextualizadamente dizem muito sobre o estado tido como o paladino da nova política carcerária que constitui o encarceramento num verdadeiro projeto.

REFERÊNCIAS BIBLIOGRÁFICAS

ALEXANDER, Michelle. A Nova Segregação: racismo e encarceramento em massa. 1. ed. Tradução: Pedro Davoglio. São Paulo: Boitempo, 2017.

ALMEIDA, Bruno Rotta; PIMENTEL, Elaine; CACICEDO, Patrick. BRAZIL - Covid-19 and prisons in Brazil: conditions and challenges. ANTIGONE, Roma, ano VX, ed. 1, p. 27-32, 2020.

ANDRADE, Vera Regina de. A Mudança do Paradigma Repressivo em Segurança Pública: reflexões criminológicas críticas em torno da proposta da 1ª Conferência Nacional Brasileira de Segurança Pública. [Florianópolis]: dez. 2013. Disponível em https://periodicos.ufsc.br/index.php/sequencia/article/view/2177-7055.2013v34n67p335/25854. Acesso em 16.11.2020.

ANDRADE, Vera Regina De. Pelas mãos da criminologia: o controle penal para além da (de)ilusão. Rio de Janeiro: Revan, 2012.

ANITUA, Gabriel Ignacio. Histórias dos Pensamentos Criminológicos. Rio de Janeiro: Revan, 2008, 15 v. (Coleção Pensamento Criminológico)

ANTUNES. Ricardo. Corona Vírus: o Trabalho Sob o Fogo Cruzado. São Paulo: Boitempo, 2020.

Anuário Brasileiro de Segurança Pública 2020. Coordenação Samira Bueno, Renato Sérgio de Lima. Disponível em: https://forumseguranca.org.br/anuario-brasileiro-seguranca-publica/.

Anuário Brasileiro de Segurança Pública 2021. Coordenação Samira Bueno, Renato Sérgio de Lima. Disponível em: https://forumseguranca.org.br/anuario-15/.

ANYAR DE CASTRO, Lola. Criminologia da libertação. Rio de Janeiro: Revan, 2005.

ARAÚJO CHERSONI, Felipe de; DAS CHAGAS Maria Eduarda Delfino; MUNIZ, Veyzon Campos. Racismo entre psicologia social e criminologia crítica: encontros e perspectivas decoloniais. Florianópolis: Revista Katálysis, v. 25, p. 272-282, 2022.

ARAÚJO, Tiago. Inclusão digital no Brasil: em que estágio desse processo estamos?. Politize!, [s. l.], 2018. Disponível em: https://www.politize.com.br/inclusao-digital-no-brasil/ . Acesso em: 20 ago. 2021.

BANCO NACIONAL DE MONITORAMENTO DE PRISÕES – BNMP 2.0: Cadastro Nacional de Presos, Conselho Nacional de Justiça, Brasília, agosto de 2018.

BANCO NACIONAL DE MONITORAMENTO DE PRISÕES – BNMP 2.0: Cadastro Nacional de Presos, Conselho Nacional de Justiça, Brasília, agosto de 2019.

BARATTA, Alessandro. Criminologia Crítica e Crítica do Direito Penal: introdução à sociologia do direito penal. Rio de Janeiro: Revan/ ICC, 2011.

BARBON, Júlia. Brasil registra primeira morte de presidiário por coronavírus. Folha de São Paulo, São Paulo, 2020. Disponível em: https://www1.

folha.uol.com.br/cotidiano/2020/04/brasil-registra-primeira-morte-de-presidiario-por-coronavirus.shtml. Acesso em: 26 jul. 2022.

BATISTA, Nilo. Introdução crítica ao direito penal brasileiro. Rio de Janeiro: Revan, 2011.

BATISTA, Vera Malaguti. Criminologia e Política Criminal. Passagens. Revista Internacional de História Política e Cultura Jurídica, 2009.

BATISTA, Vera Malaguti. Difíceis Ganhos Fáceis: Drogas e Juventude Pobre no Rio de Janeiro. Rio De Janeiro: Revan, 2003.

BATISTA, Vera Malaguti. Introdução Crítica à Criminologia Brasileira. Rio de Janeiro: Revan, 2011.

BENEDITO, Deise. 28 anos. O Carandiru nosso de cada dia!. In: COVID 19 nas prisões: pandemia e luta por justiça no Brasil 2020 - 2021. Rio de Janeiro: ISER, 2021.

BOGO CHIES, L. A.; ROTTA ALMEIDA, B. Muertes en prisión preventiva en Brasil. Prisiones que matan; muertes que importan poco. Revista de Ciencias Sociales, v. 32, n. 45, p. 67-90, 10 out. 2019.

BOITO JR, Armando. Os grandes capitalistas em campanha eleitoral. Combate ao Racismo Ambiental, [s. l.], 2022. Disponível em: https://racismoambiental.net.br/2022/07/30/os-grandes-capitalistas-em-campanha-eleitoral-%EF%BF%BC-por-armando-boito-jr/. Acesso em: 31 jul. 2022.

BOND, Letycia. AGENTES PENITENCIÁRIOS REVELAM INSEGURANÇA PARA ENFRENTAR COVID-19. Câmara Municipal de São Paulo, São Paulo, 2020. Disponível em: https://www.saopaulo.sp.leg.br/coronavirus/blog/agentes-penitenciarios-revelam-inseguranca-para-enfrentar-covid-19/. Acesso em: 19 jul. 2022.

BORGES, Caroline. Familiares de presos protestam contra falta de informações sobre casos de Covid-19 em Florianópolis. G1 SC, Florianópolis, 15 dez. 2020. Disponível em: https://g1.globo.com/sc/santa-catarina/noticia/2020/12/15/familiares-de-presos-protestam-contra-falta-de-informacoes-sobre-casos-de-covid-19-em-florianopolis.ghtml. Acesso em: 14 ago. 2021.

BRASIL 1984. Lei de execuções penais. Brasília. Lei de Execuções penais LEP. Brasília, DF.

BRASIL. Ministério da Justiça. Departamento Penitenciário Nacional. Levantamento Nacional de Informações Penitenciárias - Infopen - junho de 2017. Brasília, 2019. Disponível em: <http://depen.gov.br/DEPEN/depen/sisdepen/infopen/relatorios-sinteticos/infopen-jun-2017-rev-12072019-0721.pdf> Acesso em: jul. 2020.

BRASIL. Conselho Nacional de Justiça. Relatório de monitoramento da COVID-19 e da recomendação 62/CNJ nos sistemas penitenciário e de medidas socioeducativas II / Conselho Nacional de Justiça, Programa das Nações Unidas para o Desenvolvimento, Departamento

Penitenciário Nacional; coordenação de Luís Geraldo Sant'Ana Lanfredi ... [et al.]. Brasília: Conselho Nacional de Justiça, 2020.

BRASIL. Constituição da República Federativa do Brasil (1988). Emenda Constitucional nº 104, de 04 de dezembro de 2019. Disponível em http://www.planalto.gov.br/ccivil_03/constituicao/emendas/emc/emc104.htm. Acesso em: 04/11/2021.

BRASIL. Corona Vírus Brasil. Painel Coronavírus. 2020a.

BRASIL. IBGE Apoiando o Combate à COVID19. 2020b. Disponível em: https://covid19.ibge.gov.br/. Acesso em ago. 2020.

BRASIL. Lei nº 13.982, de 2 de abril de 2020. Altera a Lei nº 8.742, de 7 de dezembro de 1993, para dispor sobre parâmetros adicionais de caracterização da situação de vulnerabilidade social para fins de elegibilidade ao benefício de prestação continuada (BPC), e estabelece medidas excepcionais de proteção social a serem adotadas durante o período de enfrentamento da emergência de saúde pública de importância internacional decorrente do coronavírus (Covid-19) responsável pelo surto de 2019, a que se refere a Lei nº 13.979, de 6 de fevereiro de 2020. 2020c. Disponível em: http://www.planalto.gov.br/ccivil_03/_ato2019-2022/2020/lei/l13982.htm . Acesso em ago. 2020.

BRASIL. Lei nº 7.210, de 11 de julho de 1984. Brasília, DF: Presidência da República. Disponível em http://www.planalto.gov.br/ccivil_03/leis/l7210.htm. Acesso em: 03 jun. 2021.

BRASIL. Ministério da Justiça e Segurança Pública. Base de dados do SISDEPEN 2014/2020. Brasília: Ministério da Justiça e Segurança Pública, 2020b. Disponível em: https://www.gov.br/depen/pt-br/sisdepen/mais-informacoes/bases-de-dados. Acesso em: 20 abr. 2021.

BRASIL. Ministério da Justiça e Segurança Pública. Levantamento Nacional de Informações Penitenciárias INFOPEN – Dezembro 2014. Brasília: Ministério da Justiça e Segurança Pública, 2014. Disponível em: https://www.gov.br/depen/pt-br/sisdepen/mais-informacoes/relatorios-infopen/relatorios-sinteticos/infopen-dez-2014.pdf. Acesso em: 13jun. 2021.

BRASIL. Ministério da Justiça e Segurança Pública. Presos em Unidades Prisionais no Brasil. Período de Janeiro a Junho de 2020. Brasília: Ministério da Justiça e Segurança Pública, 2020a. Disponível em: https://app.powerbi.com/view?r=eyJrIjoiMjU3Y2RjNjctODQzMi00YTE4LWEwMDAtZDIzNWQ5YmIzMzk1IiwidCI6ImViMDkwNDIwLTQ0NGMtNDNmNy05MWYyLTRiOGRhNmJmZThlMSJ9. Acesso em: 13jun. 2021.

BRASIL. PNAD COVID. 2020d. Disponível em: < https://covid19.ibge.gov.br/pnad-covid/>. Acesso em ago. 2020.

BRASIL. Supremo Tribunal Federal (Plenário).Arguição de Descumprimento de Preceito Fundamental 347 MC/DF. Sistema Penitenciário Nacional. Superlotação Carcerária e condições desumanas de custódia. Violação massiva de direitos fundamentais e falhas estruturais. Estado de Coisas Inconstitucional. Configuração. Relator Min. Marco Aurélio,

09 de setembro de 2015. Disponível em https://redir.stf.jus.br/paginadorpub/paginador.jsp?docTP=TP&docID=10300665

CARVALHO. Laura de. Curto Circuito: o Vírus e a Volta do Estado. São Paulo: Todavia. 1. ed. 2020

CHIES, Luiz Antônio Bogo. Revisitando Foucault e outros escritos em questão penitenciária. 1 ed. Curitiba: Brazil Publishing, 2019.

CHIES, Luiz Antônio Bogo; ALMEIDA, Bruno Rotta. Mortes sob custodia prisional no Brasil. Prisões que matam; mortes que pouco importam. Revista de Ciencias Sociais, v. 32, n. 45, p. 67-90, 2019.

CHIES, Luiz Antônio Bogo; BARROS, Ana Luisa Xavier; LOPES, Carmen Lúcia Alves da Silva; OLIVEIRA, Sinara Frank de. Prisionalização e Sofrimento dos Agentes Penitenciários: fragmentos de uma pesquisa. Revista Brasileira de Ciências Criminais, São Paulo. v. 13. n. 52. p. 309-335. Jan/fev. 2005. Disponível em https://gitep.ucpel.edu.br/wp-ontent/uploads/2019/01/PRISIO1.pdf. Acesso em 26.08.2021.

CONJUR, Consultor Jurídico. CNJ lança informativo sobre Auxílio Emergencial a detentos egressos. Revista Consultor Jurídico, 9 de abril de 2020. Acesso em ago. 2020.

CONSELHO NACIONAL DE JUSTIÇA (Brasil). Monitoramento casos e óbitos covid - 19 2021. Brasília: 2021. Disponível em: https://www.cnj.jus.br/wp-content/uploads/2021/12/monitoramento-casos-e-obitos-covid19-301121.pdf. Acesso em: 8 ago. 2022.

CONSELHO NACIONAL DE JUSTIÇA (Brasil). Monitoramento casos e óbitos covid - 19 2022. Brasília: 2022. Disponível em: https://www.cnj.jus.br/wp-content/uploads/2022/03/boletim-mensal-cnj-de-monitoramento-covid-19-fevereiro-2022.pdf. Acesso em: 8 ago. 2022.

CONSELHO NACIONAL DE JUSTIÇA (CNJ). Boletim Covid-19 no sistema prisional. In: Monitoramento de casos e óbitos – Covid-19 28/07/2021. Disponível em: https://www.cnj.jus.br/wp-content/uploads/2021/07/Monitoramento-Casos-e-%C3%93bitos-Covid-19-28.7.21-Info.pdf. Acesso em 14. ago. 2021.

CONSELHO NACIONAL DE JUSTIÇA (CNJ). Covid-19: CNJ emite recomendação sobre sistema penal e socioeducativo. In: Agência CNJ de Notícias. Brasília, 2021. Disponível em: https://www.cnj.jus.br/covid-19-cnj-emite-recomendacao-sobre-sistema-penal-e-socioeducativo/ Acesso em: 14. Ago. 2021.

CONSELHO NACIONAL DE JUSTIÇA (CNJ). Novos dados do sistema prisional reforçam políticas judiciárias do CNJ. In: Agência CNJ de Notícias. Brasília, 2021. Disponível em: https://www.cnj.jus.br/novos-dados-do-sistema-prisional-reforcam-politicas-judiciarias-do-cnj/ . Acesso em: 10 ago. 2021.

CONSELHO NACIONAL DE JUSTIÇA, Recomendação Nº 62 de 17/03/2020, Brasília - DF.

CONSELHO NACIONAL DE JUSTIÇA. Justiça em Números 2021. Brasília: CNJ, 2021. Disponível em: https://www.cnj.jus.br/wp-content/

uploads/2021/06/Relato%CC%81rio-HCs-e-o-Estado-de-Coisas-Inconstitucional-DMF.pdf . Acesso em: 8. abr. 2022.

COSTA, Anna Gabriela. Datafolha: 81% dos brasileiros apoiam exigência de passaporte da vacina em local fechado. Cnn - Brasil, Brasília, 2022. Disponível em: https://www.cnnbrasil.com.br/saude/datafolha-81-dos-brasileiros-apoiam-exigencia-de-passaporte-da-vacina-em-local-fechado/. Acesso em: 20 jul. 2022.

COSTA, Jaqueline Sério da et al. COVID-19. No sistema prisional brasileiro: da indiferença como política à política de morte. Psicologia & Sociedade [online]. 2020, v. 32. Disponível em: https://doi.org/10.1590/1807-0310/2020v32240218 . Epub 04 Set 2020. ISSN 1807-0310. https://doi.org/10.1590/1807-0310/2020v32240218. Acesso em: 8 abr. 2022.

CRISPIM, Juliane de Almeida et al. Impacto e tendência da COVID-19 no sistema penitenciário do Brasil: um estudo ecológico. Ciência & Saúde Coletiva [online]. 2021, v. 26, n. 01 [Acessado 12 Agosto 2021] , pp. 169-178. Disponível em: https://doi.org/10.1590/1413-81232020261.38442020 . Epub 25 Jan 2021. ISSN 1678-4561. https://doi.org/10.1590/1413-81232020261.38442020.

CUSTÓDIO, Rafaela. Famílias de detentos protestam por melhorias no Presídio Santa Augusta; direção da unidade rebate. Engeplus, Criciúma, 11 jul. 2020. Disponível em: http://www.engeplus.com.br/noticia/geral/2020/familias-de-detentos-protestam-por-melhorias-no-presidio-santa-augusta-direcao-da-unidade-rebate . Acesso em: 14 ago. 2021.

DAMAS, Balvedi, Fernando; OLIVEIRA, Walter, Ferreira de. A Saúde Mental Nas Prisões De Santa Catarina, Brasil. Cadernos Brasileiros de Saúde Mental, ISSN 1984-2147, Florianópolis, v.5, n.12, p.1 - 24, 2013.

DAMASCENO, Bruna; FACUNDO, Matheus. Famílias pedem vacinação de presos contra a Covid-19 no Ceará; SAP diz que todos estão imunizados. Diário do Nordeste, [s. l.], 2021. Disponível em: https://diariodonordeste.verdesmares.com.br/seguranca/familias-pedem-vacinacao-de-presos-contra-a-covid-19-no-ceara-sap-diz-que-todos-estao-imunizados-1.3146731. Acesso em: 12 jul. 2022.

DARDOT, Pierre; LAVAL, Christian. A Nova Razão do Mundo: Ensaio Sobre a Sociedade Neoliberal. São Paulo: Boitempo, 2016.

DAVIS, Angela. Estarão as Prisões Obsoletas? Tradução: Marina Vargas. 3. Ed. Rio de Janeiro: Difel, 2019.

DEAP (Santa Catarina). Secretaria de Estado da Administração Prisional e Socioeducativa. PAS promove seminário online Saúde Mental em Tempos de Pandemia. In: DEAP. Notícias, Santa Catarina, 2021. Disponível em: https://www.deap.sc.gov.br/index.php/noticias . Acesso em: 20 ago. 2021.

DEPEN (Departamento de Informações Penitenciárias). Levantamento Nacional de Informações Penitenciárias (julho a dezembro de 2021). Disponível em: https://www.gov.br/depen/pt-br/servicos/sisdepen.

DEPEN. Departamento Penitenciário Nacional (2006). Disponível em: http://antigo.depen.gov.br/DEPEN/depen/sisdepen/infopen/relatorios-analiticos/SC/sc-dez-2006.pdf. Acessado em 11. ago.2021.

DEPEN. Departamento Penitenciário Nacional (2007). Disponível em: http://antigo.depen.gov.br/DEPEN/depen/sisdepen/infopen/relatorios-analiticos/SC/sc-dez-2007.pdf. Acesso: 11. ago. 2021.

DEPEN. Departamento Penitenciário Nacional (2008). Disponível em: http://antigo.depen.gov.br/DEPEN/depen/sisdepen/infopen/relatorios-analiticos/SC/sc-dez-2008.pdf. Acesso em: 11. ago. 2021.

DEPEN. Departamento Penitenciário Nacional (2019). Disponível em: http://antigo.depen.gov.br/DEPEN/depen/sisdepen/infopen/relatorios-analiticos/SC/sc . Acesso em: Acesso em: 11. ago. 2021.

DEPEN. Departamento Penitenciário Nacional (2020). Disponível em: http://antigo.depen.gov.br/DEPEN/relatorio-de-acoes-do-governo/1.RelatorioanualDepenverao20.04.2020.pdf. Acesso em 10. Mai.2021.

DIETER, Maurício. Política Criminal Atuarial: a criminologia do fim da história. Tese (Doutorado em Direito). Universidade Federal do Paraná, 2012.

ENGELS, Friedrich. A situação da classe trabalhadora na Inglaterra. Boitempo Editorial, 2010.

EVARINI, Drika. PROTESTO: Familiares de detentos prometem acampar em frente ao Presídio de Joinville. NDTv, Joinville, 15 fev. 2021. Disponível em: https://ndmais.com.br/cidadania/protesto-familiares-de-detentos-prometem-acampar-em-frente-ao-presidio-de-joinville/ . Acesso em: 14 ago. 2021.

FERNANDES, Daniela. Bolsonaro é provavelmente o primeiro líder político da história a desencorajar a vacinação, diz especialista francês. BBC News, Brasília, 2021. Disponível em: https://www.bbc.com/portuguese/brasil-55939354. Acesso em: 18 jul. 2022.

FLAUZINA, Ana e PIRES, Thula. Cartas do Cárcere: horizontes de resistência política. Revista Direito e Práxis [online]. 2019, v. 10, n. 03 [Acessado 19 Agosto 2021] , pp. 2117-2136. Disponível em: https://doi.org/10.1590/2179-8966/2019/43885 . Epub 16 Set 2019. ISSN 2179-8966. https://doi.org/10.1590/2179-8966/2019/43885.

FLAUZINA, Ana Luiza Pinheiro. Corpo negro caído no chão: o sistema penal e o projeto genocida do Estado brasileiro. 2006. 145 f. Dissertação de Mestrado em Direito -Universidade de Brasília, Brasília, 2006.

FLAUZINA, Ana Luiza Pinheiro. Corpo Negro Caído no Chão: o Sistema Penal e o Projeto Genocida do Estado Brasileiro. Dissertação (Mestrado em Direito). Pós Graduação em Direito -Universidade de Brasília. Brasília, 2006.

FONSECA, Rhaysa Sampaio; ALENCAR, Thiago Romão de Alencar. Para Uma Análise Inicial dos Impactos do Ultraneoliberalismo Brasileiro Sobre a Reprodução Social. RTPS – Rev. Trabalho, Política e Sociedade, vol. 6, n. 10, p. 317-338, jan.-jun. 2021.

FÓRUM BRASILEIRO DE SEGURANÇA PÚBLICA. Anuário Brasileiro de Segurança Pública. 2020. Disponível em: https://static.poder360.com.br/2020/11/Anuario-Brasileiro-de-Seguranca-Publica-2020.pdf. Acesso em: 26.ago.2021

FÓRUM BRASILEIRO DE SEGURANÇA PÚBLICA. Anuário Brasileiro de Segurança Pública. 2021.Atualizado em: 15/07/2021 https://forumseguranca.org.br/anuario-brasileiro-seguranca-publica/ . Acesso em: 09 ago. 2021.

FÓRUM DE SEGURANÇA PÚBLICA (Brasil); FUNDAÇÃO GETÚLIO VARGAS - FGV. Nota Técnica: a pandemia de Covid-19 e os policiais brasileiros. [S. l.]: Oficina 22 diagramação, 2021.

FOUCAULT, Michel. Vigiar e Punir: nascimento da prisão. Tradução de Raquel Ramalhete. 42ª ed. Petrópolis: Vozes, 2014.

GARLAND, David. A Cultura do Controle. Rio de Janeiro: Revan: 2008

GIOCONDO, Giovanni. Surto de COVID atinge Sede II da SAP em São Paulo. SIFUSPESP, [s. l.], 2021. Disponível em: https://www.sifuspesp.org.br/noticias/8869-surto-de-covid-atinge-sede-ii-da-sap-em-sao-paulo. Acesso em: 19 jul. 2022.

GIORGI, Alessandro de. Estruturas Sociais e Reformas Penais: Críticas Marxistas à Punição no Capitalismo Tardio. Tradução: Carolina Costa Ferreira. RDU, Porto Alegre, Volume 16, n. 89, 2019, 29-57, set-out 2019.

GODOI, Rafael. Fluxos em Cadeia: as prisões em São Paulo na virada dos tempos. 1. ed. São Paulo: Boitempo, 2017.

GOFFMAN, Erving. Manicômios, Prisões e Conventos. [tradução Sante Moreira Leite] São Paulo: Perspectiva, 2015.

GONZALEZ, Lélia. Por um Feminismo Afro Latino Americano. Org. Flávia Rios e Márcia Lima. 1. ed. Rio de Janeiro: Zahar, 2020.

GOULART, Felipe Alves; ARAUJO CHERSONI, Felipe de. CONTROLADOS PELO CONTROLE: CONSIDERAÇÕES SOBRE OS IMPACTOS DA PRISÃO NA ATIVIDADE DOS POLICIAIS PENAIS DE SANTA CATARINA. Anais do Seminário Internacional em Direitos Humanos e Sociedade, Criciúma, v. 3, 2021.

GOVERNO DO ESTADO DE SANTA CATARINA (Santa Catarina). Secretaria de Administração Prisional e Socioeducativa. PORTARIAS COVID-19: documentos. In: DEAP (SC). AÇÕES DE COMBATE À PANDEMIA. Santa Catarina, 2020. Disponível em: https://www.sap.sc.gov.br/index.php/noticias/todas-as-noticias/9024-acoes-de-combate-a-pandemia . Acesso em: 20 ago. 2021.

GOVERNO DO ESTADO DE SANTA CATARINA (Santa Catarina). Secretaria de Administração Prisional e Socioeducativa. PORTARIAS COVID-19: documentos. In: DEAP (SC). AÇÕES DE COMBATE À PANDEMIA. Santa Catarina, 2021. Disponível em: https://www.sap.sc.gov.br/index.php/noticias/todas-as-noticias/9024-acoes-de-combate-a-pandemia . Acesso em: 20 ago. 2021.

HARVEY, David. O Neoliberalismo: História e Implicações. Tradução: Adail Sobral e Maria Stela Gonçalves. Dições Loyola: São Paulo, 2008.

HERRERA FLORES, Joaquín. A reinvenção dos direitos humanos. Florianópolis: Fundação Boiteaux, 2009.

HULSMAN, Louk; CELIS, Jacqueline bernat de. O sistema penal em questão penas perdidas. Rio de Janeiro: Luam, 1993.

IBGE – INSTITUTO BRASILEIRO DE GEOGRAFIA E ESTATÍSTICA. Censos 2019. Inovações e impactos nos sistemas de informações estatísticas e geográficas do Brasil. Rio de Janeiro: IBGE, 2019.

IDDD - INSTITUTO DE DEFESA DO DIREITO DE DEFESA (Brasil). Em SP, de cada 4 pessoas que deveriam ter deixado a prisão no primeiro ano da pandemia, 3 foram mantidas atrás das grades por juízes. IDDD, São Paulo, 2021. Disponível em: https://iddd.org.br/em-sp-de-cada-4-pessoas-que-deveriam-ter-deixado-a-prisao-no-primeiro-ano-da-pandemia-3-foram-mantidas-atras-das-grades-por-juizes/ . Acesso em: 17. mai. 2021.

IDDD - INSTITUTO DE DEFESA DO DIREITO DE DEFESA (Brasil). Justiça e negacionismo: como os magistrados fecharam os olhos para a pandemia nas prisões: IDDD, São Paulo, 2021.

IDDD - INSTITUTO DE DEFESA DO DIREITO DE DEFESA (Brasil). Propostas para reduzir a superlotação carcerária. IDDD, São Paulo, p. 1-20, 2017.

INFOVIRUS (Brasil). Prisões e Pandemia. In: INFOVIRUS. De olho no Painel do Depen. [S. l.], 2021. Disponível em: <https://www.covidnasprisoes.com/infovirus>. Acesso em: 14 ago. 2021.

IPEA, Instituto de Pesquisa Econômica Aplicada. Vulnerabilidades das Trabalhadoras Domésticas no Contexto da Pandemia de Covid-19 no Brasil. Brasília, Ipea: 2020. Anais do VI Seminário Internacional sobre Direitos Humanos Fundamentais Volume II: Direitos Fundamentais de Segunda Dimensão: Direitos Sociais, Econômicos & Culturais 743

Justiça manda interditar penitenciária e presídio de Florianópolis. O Globo, Florianópolis, 03 set. 2015. Disponível em: http://g1.globo.com/sc/santa-catarina/noticia/2015/09/justica-manda-interditar-penitenciaria-e-presidio-de-florianopolis.html Acesso em: 13 ago. 2021.

LEAL, Jackson da Silva. Criminologiada Libertação: a construção da criminologia crítica latino-americana como teoria crítica do controle social e a contribuição desde o Brasil. 1. ed.[1. reimpr.]. Belo Horizonte: D'Plácido, 2018.

LEAL, Jackson da Silva. Uma razoável quantidade de violência: a aceitação Das Prisões Como Síntese Da Atual Sensibilidade Acerca Da Violência. Revista Brasileira de Segurança Pública, São Paulo, v. 15, ed. 1, p. 58-73, 2021.

LOSURSO, Domenico. O marxismo ocidental: como nasceu, como morreu, como pode renascer. São Paulo: Boitempo, 2018.

LUDER, Amanda. Casos de Covid entre agentes penitenciários são 50% maiores do que na população de SP. G1, Brasília, 2021. Disponível em: https://g1.globo.com/sp/sao-paulo/noticia/2021/06/20/casos-de-covid-entre-policiais-que-atuam-em-presidios-sao-50percent-maiores-do-que-na-populacao-de-sp.ghtml. Acesso em: 19 jul. 2022.

MACHADO, Maíra Rocha e Vasconcelos, Natalia Pires deUma conjuntura crítica perdida: a COVID-19 nas prisões brasileiras. Revista Direito e Práxis [online]. 2021, v. 12, n. 03 [Acessado 8 Abril 2022] , pp. 2015-2043. Disponível em: https://doi.org/10.1590/2179-8966/2021/61283 . Epub 29 Out 2021. ISSN 2179-8966. https://doi.org/10.1590/2179-8966/2021/61283.

MALAGUTI BATISTA, Vera. O ALEMÃO É MUITO MAIS COMPLEXO. Revista Justiça e Sistema Criminal, Curitiba, v. 3, ed. 5, 2011.

MANO A MANO: Recebe Sueli Carneiro. Entrevistada. Sueli Carneiro Entrevistadores: Mano Brown. São Paulo: Boognaipe, 26. Mai. 2022 Podcast. Disponível em: https://open.spotify.com/episode/2eTloWb3Nrjmog0RkUnCPr. Acesso em: 31. jul. 2022.

MARONNA, Cristiano Avila. 10 anos da Lei 11.343/06: Instituto Brasileiro de Ciências Criminais (IBCCRIM) Plataforma Brasileira de Política de Drogas (PBPD). São Paulo. mai. 2017. Power Point. 23 slides. color. Disponível em: https://www.enfam.jus.br/wp-content/uploads/2017/05/Cristiano-Avila-Maronna.pdf . Acesso em: 9 ago. 2021.

MARONNA, Cristiano Avila; BOITEUX, Luciana. Mudança de rumos na Política de Drogas no Brasil? Boletim - 265 / Instituto Brasileiro de Ciências Criminais, São Paulo, 2014.

MASCARO. Alysson Leandro. Crise e Pandemia. São Paulo: Boitempo, 2020.

MELOSSI, Dario; PAVARINI, Massimo. Cárcere e Fábrica: as origens do sistema penitenciário (séculos XVI-XIX). Rio de Janeiro: Revan, 2006.

MINISTÉRIO DA SAÚDE (Brasil). Como é transmitido. Brasília, 2022. Disponível em: https://www.gov.br/saude/pt-br/coronavirus/como-e-transmitido. Acesso em: 9 abr. 2022

MINISTÉRIO DA SAÚDE (Brasil). Pandemia é principal causa de violações de direitos humanos no Brasil, diz relator da CIDH. Conselho Nacional de Saúde, Brasília, 2021. Disponível em: http://conselho.saude.gov.br/ultimas-noticias-cns/2120-pandemia-e-principal-causa-de-violacoes-de-direitos-humanos-no-brasil-diz-relator-da-cidh. Acesso em: 19 jul. 2022.

MORENO, A.B., and MATTA, G.C. Covid-19 e o dia em que o Brasil tirou o bloco da rua: acerca das narrativas de vulnerabilizados e grupos de risco. In: MATTA, G.C., REGO, S., SOUTO, E.P., and SEGATA, J., eds. Os impactos sociais da Covid-19 no Brasil: populações vulnerabilizadas e respostas à pandemia [online]. Rio de Janeiro: Observatório Covid 19; Editora FIOCRUZ, 2021, pp. 41-50.

MOVIMENTO REVOLUCIONÁRIO DOS TRABALHADORES (Brasil). CORONAVÍRUS E RACISMO: Governo Bolsonaro exclui população carcerária das prioridades da vacinação contra Covid-19. Rede internacional, [s. l.], 2020. Disponível em: https://www.esquerdadiario.com.br/Governo-Bolsonaro-exclui-populacao-carceraria-das-prioridades-da-vacinacao-contra-Covid-19. Acesso em: 25 jul. 2022.

NEGRI, Antônio. O poder constituinte: ensaio sobre as alternativas da modernidade. Rio de Janeiro: Lamparina, 2015.

NETTO, José Paulo. Capitalismo e barbárie contemporânea. Argumentum, Espírito Santo, 2012.

NUNES DIAS, Camila. Estado e PCC em meio as tramas do poder arbitrário nas prisões. Tempo Social [online], 2011, vol. 23, n. 2, p. 213-233. [acesso 2012-06-06]. Disponível em : http://www.scielo.br/pdf/ts/v23n2/v23n2a09.pdf .

PASTORAL CARCERÁRIA (Brasil). AGENDA NACIONAL PELO DESENCARCERAMENTO PROTOCOLA OFÍCIO SOBRE EXCLUSÃO DA POPULAÇÃO PRESA DOS GRUPOS A RECEBER VACINA CONTRA COVID-19. Pastoral carcerária.org, [s. l.], 2021. Disponível em: https://diariodonordeste.verdesmares.com.br/seguranca/familias-pedem-vacinacao-de-presos-contra-a-covid-19-no-ceara-sap-diz-que-todos-estao-imunizados-1.3146731. Acesso em: 19 jul. 2022.

PASTORAL CARCERÁRIA (Brasil). CORONAVÍRUS NAS PRISÕES – DADOS, DENÚNCIAS E RELATOS. 2021. Disponível em: https://carceraria.org.br/combate-e-prevencao-a-tortura/coronavirus-nas-prisoes-dados-denuncias-e-relatos. Acesso em: 8 abr. 2022.

PEDROSO, Célia Regina. Os signos da opressão: história e violência nas prisões brasileiras. São Paulo: Arquivo do Estado, imprensa oficial do Estado, 2002.

PEREIRA, Luciano Meneguetti. O Estado de Coisas Inconstitucional e a violação dos direitos humanos no sistema prisional brasileiro. RIDH, Bauru, v. 5, n. 1, p. 167-190, jan./jun., 2017.

PIMENTA, D.N., WENHAM, C., ROCHA, M.C., BONAN, C., MENDES, C.H.F., NASCIMENTO, M., LOTTA, G., TAMAKI, E.R., and PORTO, P. Leituras de gênero sobre a Covid-19 no Brasil. In: MATTA, G.C., REGO, S., SOUTO, E.P., SEGATA, J., eds. Os impactos sociais da Covid-19 no Brasil: populações vulnerabilizadas e respostas à pandemia [online]. Rio de Janeiro: Observatório Covid 19; Editora FIOCRUZ, 2021, pp. 159-170.

POMPEU, Ana. STF nega 81% dos HCs baseados na Recomendação 62, do CNJ, sobre a Covid-19. Jota, Brasília, 7 ago. 2020. Disponível em: https://www.jota.info/stf/do-supremo/stf-nega-81-dos-hcs-baseados-na-recomendacao-62-do-cnj-sobre-a-covid-19-07082020 . Acesso em: 16 ago. 2021.

PRANDO. Camila; GODOI, Rafael. A gestão dos dados sobre a pandemia nas prisões: Uma comparação entre as práticas de ocultamento das secretarias de administração prisional do RJ e DF. Dilemas. Reflexões na pandemia. Rio de Janeiro, 2020, p. 1-15. Disponível em: https://www.reflexpandemia.org/texto-60 . Acesso em 8 abr. 2022.

REDAÇÃO ND (Santa Catarina). Familiares de presos protestam por dignidade em Florianópolis. In: HORÁCIO, Nícolas. FLORIANÓPOLIS. [S. l.], 2021. Disponível em: https://ndmais.com.br/seguranca/familiares-de-presos-protestam-por-dignidade-em-florianopolis/. Acesso em: 8 abr. 2022.

RESENDE, Rodrigo. Relatório da CPI aponta que população negra foi mais atingida durante a pandemia, nov. 2021. Disponível em: https://www12.senado.leg.br/radio/1/noticia/2021/10/29/relatorio-da-cpi-aponta-que-populacao-negra-foi-mais-atingida-durante-a-pandemia#:~:text=RELAT%C3%93RIO%20DA%20CPI%20DA%20PANDEMIA,do%20que%20a%20popula%C3%A7%C3%A3o%20branca.

ROCHA, Lucas. Fiocruz explica como a pandemia atinge grupos mais vulneráveis no Brasil, abr. 2021. Disponível em: https://www.cnnbrasil.com.br/saude/fiocruz-explica-como-a-pandemia-atinge-grupos-mais-vulneraveis-no-brasil/.

ROIG. Rodrigo Duque Estrada. Execução penal: teoria crítica. 3. ed. São Paulo: Saraiva, 2017.

RUSCHE, Georg; Kirchheimer, Otto. Punição e Estrutura Social. 2 ed. Rio de Janeiro: Revan, 2004.

RUSCHEL, René. Familiares e especialistas denunciam a subnotificação de casos de Covid nos presídios. Carta Capital, [s. l.], 15 abr. 2021. Disponível em: https://www.cartacapital.com.br/sociedade/familiares-e-especialistas-denunciam-a-subnotificacao-de-casos-de-covid-nos-presidios/ . Acesso em: 12 ago. 2021.

SAFFIOTI, Heleieth. O Poder do Macho. São Paulo, Moderna: 1987.

SAMUELS, Liz. Improvising on Reality: The Roots of Prison Abolition in BERGER, Dan (ed.) The Hidden 1970s: histories of radicalism. New Jersey: Rutgers University Press, Tradução autorizada por: Liz Samuels, Traduzido por: Amós Caldeira, 2010. Disponível em: https://traducoesabolicionistas.com/2021/08/17/as-raizes-da-abolicao-prisional/ . Acesso em: 20. mai. 2021.

SANTA CATARINA (Santa Catarina). Secretaria de Administração Prisional e Socioeducativa. PORTARIAS COVID-19: documentos. In: DEAP (SC). AÇÕES DE COMBATE À PANDEMIA. Santa Catarina, 2021b. Disponível em: https://www.sap.sc.gov.br/index.php/noticias/todas-as-noticias/9024-acoes-de-combate-a-pandemia. Acesso em: 20 out. 2021.

SANTA CATARINA. Sistema de Gestão de Processos Eletrônicos [Portal Externo]. Processo sobre Aquisição de 1000 (mil) equipamentos Access Point para a Secretaria de Estado da Administração Prisional e Socioeducativa. Santa Catarina, 2021d. Disponível em: https://portal.sgpe.sea.sc.gov.br/portal-externo/processo/e7efc624-7f2c-4f3e-bcd4-ace7646e8343. Acesso em: 21 set. 2022.

SANTA CATARINA. Constituição do Estado de Santa Catarina (1989). Emenda à Constituição nº 80, de 18 de dezembro de 2020. Florianópolis, 2020a Disponível em http://leis.alesc.sc.gov.br/html/ec/ec_080_2020.html#:~:text=EMENDA%20CONSTITUCIONAL%20N%C2%BA%2080%2C%20de%2018%20de%20dezembro%20de%202020&text=Altera%20a%20Constitui%C3%A7%C3%A3o%20do%20Estado,Santa%20Catarina%20e%20do%20art. Acesso em 10/11/2021.

SANTA CATARINA. Instrução Normativa n° 001, de 12 dezembro de 2019. Florianópolis, SC: Secretaria de Estado da Administração Prisional e Socioeducativa. Disponível em https://www.deap.sc.gov.br/index.php/downloads/normativas-e-portarias/48--3 Acesso em: 26 ago. 2021.

SANTA CATARINA. Lei Complementar n° 774, de 27 de outubro de 2021. Assembleia Legislativa de Santa Catarina. Florianópolis, 2021a. Disponível em http://leis.alesc.sc.gov.br/html/2021/774_2021a_lei_complementar.html Acesso em 10/11/2021.

SANTA CATARINA. Secretaria de Administração Prisional e Socioeducativa. PORTARIAS COVID-19: documentos. In: DEAP (SC). AÇÕES DE COMBATE À PANDEMIA. Santa Catarina, 2020b. Disponível em: https://www.sap.sc.gov.br/index.php/noticias/todas-as-noticias/9024-acoes-de-combate-a-pandemia. Acesso em: 20 out. 2021.

SANTA CATARINA. Secretaria de Estado da Administração Prisional e Socioeducativa. Boletim Semanal Unidades. Florianópolis, 2021c. Disponível em: https://www.sap.sc.gov.br/index.php/consultas/downloads/boletim-semanal-covif. Acesso em: 10 nov. 2021.

SANTA CATARINA. Tribunal de Justiça de Santa Catarina (2ª Vara Criminal de Araranguá/SC). Petição Criminal n° 0005331-54.2013.8.24.0004. Retira definitiva e imediatamente os internos envolvidos no princípio de motim registrado no Presídio Regional de Araranguá. Retira gradativa e definitivamente, em prazo inicial não superior a 30 dias, todos os internos que cumprem pena definitiva no interior do Presídio Regional de Araranguá. Adequa a estrutura física do Presídio Regional de Araranguá para 250 internos, descontadas as vagas hoje existentes para outras finalidades, tal como o informal "Presídio Feminino" e a ala para internos dependentes químicos. Comarca de Araranguá, 09 de julho de 2013. Disponível em https://esaj.tjsc.jus.br/cpopg/show.do?processo.codigo=040003Y2R0000&processo.foro=4&processo.numero=0005331-54.2013.8.24.0004&uuidCaptcha=sajcaptcha_b20dbe3c839242749c321da465207f13. Acesso em: 13 Ago. 2021.

SANTA CATARINA. Tribunal de Justiça de Santa Catarina (Vara Criminal de Xanxerê/SC). Ação Civil Pública n° 0001359-08.2014.8.24.0080. Interdita Parcialmente o Presídio Regional de Xanxerê/SC. Comarca de Xanxerê, 09 de maio de 2016. Disponível em https://esaj.tjsc.jus.br/cpopg/show.do?processo.codigo=280002IR70000&processo.foro=80&processo.numero=0001359-08.2014.8.24.0080&uuidCaptcha=sajcaptcha_837c369db89a4a10ba7023ab60a9c156. Acesso em: 13 Ago. 2021.

SANTANA, Aline Passos de Jesus. Quando a prisão é prisão mesmo: gestão privada e humanização do cárcere em Sergipe. 2021. 311 f. Tese (Doutorado em Sociologia) - Universidade Federal de Sergipe, São Cristóvão, 2021

SC tem 1 em cada 3 unidades prisionais interditadas, mostra levantamento. O Globo, Florianópolis, 07 jan. 2022. Disponível em https://g1.globo.com/sc/

santa-catarina/noticia/2022/01/07/sc-tem-33percent-das-unidades-prisionais-interditadas-mostra-levantamento.ghtml. Acesso em: 20 mar. 2022.

SERRA. Marco Alexandre de Souza. Economia Política da Pena. Rio de Janeiro: Revan, 2009.

SILVÉRIO, André Yan César; DIAS, Camila Caldeira Nunes. METODOLOGIA DE PESQUISA NO SISTEMA PRISIONAL E AS CONTRIBUIÇÕES DE FORA E DE DENTRO DAS GRADES: A PESQUISA TRADICIONAL E A CARTOGRAFIA DO SUJEITO INTERNO-PESQUISADOR. Cadernos CERU, v. 32, n. 1, p. 232-252, 2021.

SOUZA RUIZ, Jefferson Lee de; ABRANTES, Marcia Medrado. O sistema prisional brasileiro e a Covid-19: prevenção e desafios. Libertas: Juiz de fora - MG, 2020

SUPERIOR TRIBUNAL DE JUSTIÇA – STJ (Brasil). Pandemia trouxe novos desafios ao Judiciário na análise da situação dos presos. Brasília, 14. mar. 2021. Disponível em https://www.stj.jus.br/sites/portalp/Paginas/Comunicacao/Noticias/14032021-Pandemia-trouxe-novos-desafios-ao-Judiciario-na-analise-da-situacao-dos-presos.aspx . Acesso em: 17. ago. 2021.

THOMPSON. Augusto. A Questão Penitenciária. 2ª ed. Rio de Janeiro: Forense, 1980.

TORCATO, Carlos Eduardo Martins. A história das drogas e sua proibição no Brasil: da Colônia à República. 2016. Tese (Doutorado em História Social) - Faculdade de Filosofia, Letras e Ciências Humanas, Universidade de São Paulo, São Paulo, 2016. doi:10.11606/T.8.2016. tde-05102016-165617. Acesso em: 2021-08-09.

TRIBUNAL DE JUSTIÇA – TJ (SANTA CATARINA). Flexibilização admite análise de transferência de preso em SC mesmo na pandemia, Santa Catarina, 2020. Disponível em: https://www.tjsc.jus.br/web/imprensa/-/flexibilizacao-admite-analise-de-transferencia-de-preso-em-sc-mesmo-na-pandemia?redirect=%2F . Acesso em: 17. ago. 2021.

TURTELLI, Adriana Fernandes Camila Turtelli. Parentes de presos são excluídos pelo governo do auxílio emergencial R$ 600. O Estado de S. Paulo, São Paulo, 14 de maio de 2020. Disponível em: https://economia.estadao.com.br/noticias/geral,parentes-de-presos-sao-excluidospelo-governo-do-auxilio-emergencial-r-600,70003302309 . Acesso em: ago. 2020.

Veículos de comunicação formam parceria para dar transparência a dados de Covid-19. Portal G1 O Globo, Rio de Janeiro, 08 de jun. 2020. Disponível em: https://g1.globo.com/politica/noticia/2020/06/08/veiculos-de-comunicacao-formam-parceria-para-dar-transparencia-a-dados-de-covid-19.ghtml. Acesso em: 10 nov. 2021.

VERGÈS, Françoise. Um feminismo decolonial. São Paulo: Ubu, 2020.

VILLELA, Priscila. As dimensões internacionais das políticas brasileiras de combate ao tráfico de drogas na década de 1990. 2015. 159 f. Dissertação (mestrado) - Universidade Estadual Paulista Júlio de

Mesquita Filho, Faculdade de Filosofia e Ciências, 2015. Disponível em: http://hdl.handle.net/11449/124374 . Acesso em: 09/ago/2021.

WORLD HEALTH ORGANIZATION. Director-General's opening remarks at the media briefing on COVID-19. mar. 2020a. Acesso em ago. 2020.

WORLD HEALTH ORGANIZATION. Novel Coronavirus (2019-nCoV). Situation Report-1. jan. 2020b. Disponível em: <https://www.who.int/docs/default-source/coronaviruse/situation-reports/20200121-sitrep-1-2019-ncov.pdf?sfvrsn=20a99c10_4>. Acesso em ago. 2020.

WORLD HEALTH ORGANIZATION. Novel Coronavirus (2019-nCoV). Situation Report–44. mar. 2020c. Disponível em: <https://www.who.int/docs/default-source/coronaviruse/situation-reports/20200304-sitrep-44-covid-19.pdf?sfvrsn=93937f92_6>. Acesso em ago. 2020.

WORLD HEALTH ORGANIZATION. Novel Coronavirus (2019-nCoV). Situation Report–51. mar. 2020d. Disponível em: < https://www.who.int/docs/default-source/coronaviruse/situation-reports/20200311-sitrep-51-covid-19.pdf?sfvrsn=1ba62e57_10>. Acesso em ago. 2020.

ZAFFARONI, Eugênio Raúl. A questão criminal. Rio de Janeiro: Revan, 2013.

ZAFFARONI, Eugênio Raúl. CRIMINOLOGÍA: aproximación desde una margen. Bogotá: editorial Temis, 1988.

ZAFFARONI, Eugenio Raúl. Criminología: Aproximación desde unmargen. 1. ed. Bogotá: Temis, 1988. ISBN 84-8272-278-6.

ZAFFARONI, Eugenio Raul. Em Busca das Penas Perdidas: a perda da legitimidade do sistema penal. Tradução: Vania Romano Pedrosa, Amir Lopez da Conceição. Rio de Janeiro: Revan, 1991.

ZAFFARONI, Eugênio Raúl. Sistemas Penales y Derechos Humanos/Informe Final. Buenos Aires: Depalma, 1986.

- editoraletramento
- editoraletramento.com.br
- editoraletramento
- company/grupoeditorialletramento
- grupoletramento
- contato@editoraletramento.com.br

- editoracasadodireito.com
- casadodireitoed
- casadodireito

- editoraletramento
- editoraletramento.com.br
- editoraletramento
- company/grupoeditorialletramento
- grupoletramento
- contato@editoraletramento.com.br
- editoraletramento

- editoracasadodireito.com.br
- casadodireitoed
- casadodireito
- casadodireito@editoraletramento.com.br